Escales

CAHIER D'EXERCICES

Méthode de français

JACQUES BLANC

JEAN-MICHEL CARTIER

PIERRE LEDERLIN

CLE
INTERNATIONAL

Édition : Martine Ollivier

Maquette intérieure : Alinéa

Couverture : Daniel Musch

Iconographie : Nadine Gudimard

Illustrations : Frapar

AVANT-PROPOS

Le Cahier d'exercices de *Escales 1* fait partie intégrante du processus d'apprentissage : il joue en synergie avec le manuel.

Chaque unité de la méthode (de l'unité « zéro » à l'unité 22) est ainsi accompagnée en moyenne d'une douzaine d'exercices (compréhension / expression écrites et compréhension / discrimination orales).

• Les solutions et corrigés (portant essentiellement sur l'apprentissage et l'acquisition du vocabulaire et de la grammaire) se trouvent à la fin du Cahier d'exercices, pour que l'étudiant puisse travailler plus efficacement en autonomie ou à la maison. D'autres types d'exercices (dont les exercices d'écoute) seront réalisés et évalués en situation de classe – individuellement ou en petits groupes. Les dernières pages du cahier présentent le lexique général, chaque entrée étant suivie du numéro de l'unité où elle apparaît pour la première fois. D'autre part, le vocabulaire et la grammaire spécifiques à chaque unité sont placés en tête de la série d'exercices proposés correspondante. Cette introduction est intitulée : « Quoi de neuf ? ».

• Les exercices de discrimination auditive (sur CD) remplacent avantageusement les classiques « exercices de phonétique », en général enclavés dans le manuel.

• Aucun mot nouveau ou inconnu n'apparaît dans les exercices par rapport à l'unité de référence.

Les exercices de *Escales 1* ont été élaborés, après expérimentation, sur le double principe d'efficacité et de plaisir. Caractérisés par une grande variété, ils sont un gage de réussite maximale pour l'apprenant.

Les auteurs.

VOTRE ATTENTION, S'IL VOUS PLAÎT !

Au revoir, bonjour, écrivez, encore une fois, je ne comprends pas, jouez à deux, merci, regardez, répétez, répondez, s'il vous plaît, vous comprenez ?

1. Quel message est en français ? Faites une croix.

É bom ter uma língua a mais	☐
Per una lingua in piú	☐
Avoir une langue en plus	☐
Having an extra language at one's disposal	☐
Det er bra at ha et fremmedspråk å stole på	☐

2. Quelle est l'annonce en français ? Faites une croix.

Man spricht Deutsch	☐	Fala-se português	☐
Si parla italiano	☐	Se habla español	☐
English spoken	☐	Vi snakker norsk	☐
On parle français	☐		

3. Marques et produits français célèbres.

Carrefour, Dupont, Chanel, Danone, Kookaï, Lacoste, Naf-Naf, TGV, TV5, Vuitton, Hermès, Citroën.

Continuez la liste : ....

....

4. ▭ Faites une croix si vous avez entendu (une fois ou plus) les sons suivants.

a. /ɑ̃/ ☒ /ɛ̃/ ☒ /õ/ ☐
b. /u/ ☐ /y/ ☐ /i/ ☐
c. /i/ ☐ /e/ ☐ /ɛ/ ☐
d. /f/ ☐ /v/ ☐ /b/ ☐
e. /s/ ☐ /z/ ☐ /v/ ☐
f. /ɔ/ ☐ /ɔ̃/ ☐ /o/ ☐
g. /ʒ/ ☐ /ʃ/ ☐ /j/ ☐

5. ▭ Faites une croix devant les mots et phrases que vous identifiez.

☐ S'il vous plaît.	☐ Bonne idée !
☐ Bon voyage !	☐ Encore une fois !
☐ Je ne comprends pas.	☐ C'est la vie…
☐ Au revoir.	☐ Bonjour !
☐ Vous comprenez ?	☐ C'est si bon…
☐ Merci.	☐ Votre attention, s'il vous plaît…
☐ Demain est un autre jour.	☐ Impossible n'est pas français…

6. 📼 Quelle est l'annonce en français ? A B C D

7. C'est en France (ou dans un pays où on parle français) ? Faites une croix.

8. Quels sont les nombres en français ? Faites une croix.

☐ Due	☐ Dois	☐ tusen	☐ thousand	☐ un
☐ Deux	☐ Två	☐ mile	☐ en	☐ um
☐ Zwei	☐ mille	☐ mil	☐ uno	☐ eins

9. Complétez par une lettre.

a. R E G A R __ E Z　　　**b.** R É P O N __ E Z　　　**c.** É C R I __ E Z

d. J O __ E Z　　　**e.** R É P É __ E Z

PARDON*? **V**OUS ÊTES...?*

Ah ?!, s'appeler, attendez, bonsoir, comment ?, croire (je crois), désolé(e), dites, eh bien, enchanté(e), et, étranger(-ère), être, euh..., femme, heureux(-euse), homme, nationalité, non, ou, oui, pardon ?, peut-être, quelle, savoir (je ne sais pas), très

*Mec, *nana.

Allemand(e) / l'Allemagne, américain(e) / les États-Unis, anglais(e) / l'Angleterre, autrichien(ne) / l'Autriche, belge / la Belgique, brésilien(ne) / le Brésil, canadien(ne) / le Canada, chinois(e) / la Chine, coréen(ne) / la Corée, danois(e) / le Danemark, espagnol(e) / l'Espagne, européen (ne) / l'Europe, finlandais(e) / la Finlande, français(e) / la France, grec (que) / la Grèce, italien (ne) / l'Italie, japonais(e) / le Japon, luxembourgeois(e) / le Luxembourg, marocain(e) / le Maroc, mexicain(e) / le Mexique, polonais(e) / la Pologne, portugais(e) / le Portugal, russe / la Russie, suédois(e) / la Suède, suisse / la Suisse, turc(que), la Turquie

• Je, elle, il, vous, moi / c'est un..., c'est une...

1. Masculin ou féminin ? Faites une croix.

	M	F	?
a. Il est français.	☒	☐	☐
b. Je suis turque.	☐	☒	☐
c. Je suis suisse.	☐	☐	☐
d. Vous êtes anglaise ?	☐	☐	☐
e. Vous êtes finlandais ?	☐	☐	☐
f. Je suis mexicain.	☐	☐	☐
g. Vous êtes belge ?	☐	☐	☐
h. Elle est allemande.	☐	☐	☐
i. Elle est italienne.	☐	☐	☐
j. Je suis brésilienne.	☐	☐	☐
k. Il est espagnol.	☐	☐	☐
l. Je suis grecque.	☐	☐	☐
m. Je suis suédoise.	☐	☐	☐

2. Reliez.

Je suis chin ————————— ois

brésil	ais
portug	aine
améric	and
espagn	ienne
europé	se
allem	ole
suis	en
grec	ère
étrang	que

3. Faites une croix comme dans le modèle.

	le	la	les	l'
Japon	☒	☐	☐	☐
Angleterre	☐	☐	☐	☐
Europe	☐	☐	☐	☐
Mexique	☐	☐	☐	☐
Portugal	☐	☐	☐	☐
Brésil	☐	☐	☐	☐
Italie	☐	☐	☐	☐

	le	la	les	l'
Canada	☐	☐	☐	☐
Chine	☐	☐	☐	☐
Espagne	☐	☐	☐	☐
Danemark	☐	☐	☐	☐
France	☐	☐	☐	☐
États-Unis	☐	☐	☐	☐

4. Masculin ou féminin? Faites une croix.

	M	F	?
a. *Je suis désolée.*	☐	☒	☐
b. Je ne sais pas.	☐	☐	☐
c. Elle est peut-être belge.	☐	☐	☐
d. Vous êtes suisse, je crois.	☐	☐	☐
e. Je suis Luc Velle.	☐	☐	☐

	M	F	?
f. Je m'appelle Marcelle.	☐	☐	☐
g. C'est une étrangère.	☐	☐	☐
h. Moi, c'est Claude, enchantée.	☐	☐	☐
i. Oui, je suis grecque.	☐	☐	☐

5. Je, il, elle, vous? Écrivez le pronom correct.

a. .... s'appelle Marcel.

b. .... est luxembourgeoise.

c. .... êtes français?

d. .... ne sais pas.

e. .... suis désolée.

f. .... êtes canadienne?

g. .... vous appelez comment?

h. .... est espagnole.

i. .... est étranger.

j. .... m'appelle Hélène.

6. Complétez les verbes.

a. Vous .... Hélène Grandjean?

b. Je m'ap......................... Estelle.

c. Je .... enchanté.

d. Elle .... étrangère, non?

e. C'......................... un homme ou une femme?

f. Il .... désolé.

g. Vous vous .... Litza Miakis?

h. Moi, c'......................... Didier.

i. Vous .... turc, je crois?

j. Non, je .... suisse.

7. Complétez si c'est nécessaire.

a. C'est un...... femme.

b. Elle est américain......

c. Il est allemand......

d. Elle est étranger......

e. Luc est luxembourgeois......

f. Elle est très heureu......

g. C'est un...... Polonais, je crois.

h. Didier est désolé......

8. Espaces, majuscules, apostrophes, ponctuation. Récrivez correctement les phrases.

a. *jesuistrèsheureux* → *Je suis très heureux!*

b. vousêtesdanoisjecrois → ....

c. pardonvousvousappelezcomment → ....

d. elleestdequellenationalité → ....

e. ilestétrangercestunbrésilienjecrois → ....

f. jenesaispascommentellesappelle → ....

9. Qu'est-ce qu'ils peuvent dire ? Remplissez les bulles.

10. Complétez cette conversation.

11. 🔊 **Faites une croix si vous entendez les sons suivants.**

	/ ã /	/ ɛ̃ /	/ õ /
a. *Angleterre*	☒	☐	☐
b.	☐	☐	☐
c.	☐	☐	☐
d.	☐	☐	☐
e.	☐	☐	☐
f.	☐	☐	☐
g.	☐	☐	☐
h.	☐	☐	☐
i.	☐	☐	☐

12. 🔊 **Faites une croix si ce que vous entendez correspond à ce qui est écrit.**

a. Elle est russe. ☒

b. Elle est grecque. ☐

c. Il s'appelle Elle. ☐

d. Il est espagnol. ☐

e. Elle est allemande. ☐

f. Elle est suisse, je crois. ☐

13. 🔊 **Question ou affirmation ?**

	Q	A		Q	A
a.	☐	☐	**g.**	☐	☐
b.	☐	☐	**h.**	☐	☐
c.	☐	☐	**i.**	☐	☐
d.	☐	☐	**j.**	☐	☐
e.	☐	☐	**k.**	☐	☐
f.	☐	☐	**l.**	☐	☐

14. 🔊 **Qu'est-ce que vous entendez ? Faites une croix.**

a. Eh bien ☐
C'est bien. ☐

b. C'est une dame. ☐
C'est une femme. ☐

c. Jean-Marie. ☐
Jeanne-Marie. ☐

d. Elle est canadienne. ☐
Elle est acadienne. ☐

e. C'est un épagneul. ☐
C'est un Espagnol. ☐

f. Vous, c'est comment ? ☐
Vous êtes comment ? ☐

g. C'est un homme ? ☐
C'est à Rome ? ☐

h. Il est armoricain. ☐
Il est américain. ☐

QUOI DE NEUF ?

Aller, allô !, bien, ça, excusez-moi, ici, madame, mademoiselle, monsieur, nom, pardon !, prénom, quel, tiens !, venir

*Ben   *Ouais

• D'où, de, d'[provenance] • il, lui, elle, elles, ils • mon, votre

1. Faites une croix :

	de	d'			de	d'	
Vous venez	☒	☐	Paris ?		☐	☐	Oslo ?
	☐	☐	Lyon ?		☐	☐	Berlin ?
	☐	☐	Orléans ?		☐	☐	Londres ?
	☐	☐	Bastia ?		☐	☐	Istanbul ?
	☐	☐	Athènes ?		☐	☐	Anvers ?

2. Au congrès.

a. Complétez le dialogue.

– Vous .... Monsieur, euh ?

– Je .... Zacharie Richard.

– Vous .... français ?

– Non, je .... américain, je .... de Louisiane.

– Ah ? Euh, ... monsieur Richard !

b. Faites un dialogue sur le même modèle (5 répliques).

– ....

– ....

– ....

– ....

– ....

3. Faites un petit dialogue (4 répliques) avec tous ces mots.

quelle – allemande – vous – de – est – d'où – je – votre – excusez – êtes – moi – nationalité – suis – Munich

4. Masculin ou féminin ? Faites une croix.

		M	F	?
a.	Vous vous appelez… ?	☐	☐	☐
b.	D'où venez-vous, Monsieur ?	☐	☐	☐
c.	Votre nom, c'est comment ?	☐	☐	☐
d.	Je suis turque.	☐	☐	☐
e.	Vous venez d'où, Nathalie ?	☐	☐	☐
f.	Elles viennent d'où ?	☐	☐	☐
g.	Je suis Didier Elle.	☐	☐	☐
h.	Et lui, ça va ?	☐	☐	☐
i.	Comment allez-vous ?	☐	☐	☐
j.	Ils vont bien, merci.	☐	☐	☐
k.	Vous êtes d'Abidjan ?	☐	☐	☐

5. Complétez les verbes.

a. Ils v.................... d'Orléans ?

b. Elle v.................... de Belgique.

c. Je s.................... de Lyon.

d. Vous ê.................... d'où ?

e. Comment a.................... - vous ?

f. Moi, je v.................... très bien.

g. Elles v.................... bien, merci.

h. Il .... de quelle nationalité ?

i. Vous v.................... d'Osaka, je c.................... ?

j. Non, je ne s.................... pas, désolée.

6. Complétez les dialogues.

a. – Bonjour ! Je .... Hoffmann. Je .... allemand.

– Bonjour, M.................... Hoffmann. Vous .... d'...................., c'est ça ?

– Oui, ... Osnabrück.

– .... prénom, c'est comment ?

– .... prénom ? Hans.

– Hans Hoffmann. Très ...., merci !

b. – ....-moi, vous .... Madame Chapdelaine ?

– Non, je .... Julie Crèvecœur. Je .... canadienne.

– Et vous venez .... Montréal ?

– Non, ... Alma.

– Tiens ! Madame Chapdelaine, ..., elle .... de Jonquières !

c. – Bonjour, Monsieur, ... est .... nom ?

– Je .... Paulo Caroni. Caroni, c'est .... nom.

– Et vous .... d'.................... ?

– Je viens .... Ibatuba. Je .... brésilien.

7. Reliez.

a. Excusez-

b. D'où

c. Quel est

d. Quelle est

e. C'est

f. Elle est

g. Moi, je

h. Lui, il vient d'Amsterdam,

1. votre nom ?

2. étrangère.

3. et vous ?

4. suis de Genève.

5. êtes-vous ?

6. une femme.

7. moi.

8. votre nationalité ?

8. Complétez ces pièces officielles avec les mots qui manquent dans les espaces ☐.

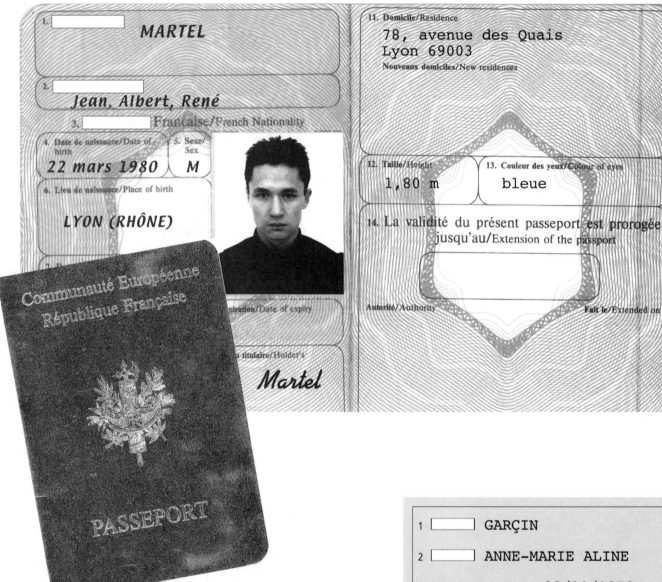

1. ☐ **MARTEL**

2. ☐ *Jean, Albert, René*

3. ☐ Française/French Nationality

4. Date de naissance/Date of birth
22 mars 1980

5. Sexe/Sex **M**

6. Lieu de naissance/Place of birth
LYON (RHÔNE)

...piration/Date of expiry

...u titulaire/Holder's
Martel

11. Domicile/Residence
78, avenue des Quais
Lyon 69003
Nouveaux domiciles/New residences

12. Taille/Height **1,80 m**

13. Couleur des yeux/Colour of eyes **bleue**

14. La validité du présent passeport est prorogée jusqu'au/Extension of the passport

Autorité/Authority

Fait le/Extended on

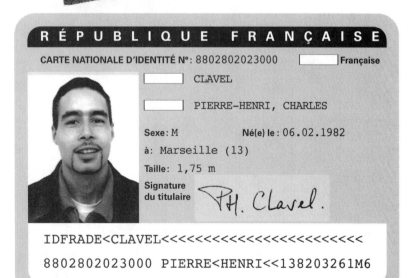

RÉPUBLIQUE FRANÇAISE

CARTE NATIONALE D'IDENTITÉ Nº: 8802802023000   ☐ **Française**

☐ **CLAVEL**

☐ **PIERRE-HENRI, CHARLES**

Sexe: M   Né(e) le: 06.02.1982

à: Marseille (13)

Taille: 1,75 m

Signature du titulaire *P.H. Clavel.*

IDFRADE<CLAVEL<<<<<<<<<<<<<<<<<<<<<<<<
8802802023000 PIERRE<HENRI<<138203261M6

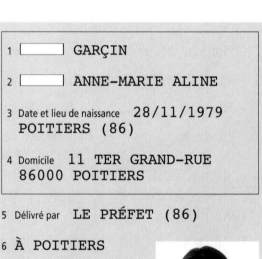

1 ☐ **GARÇIN**

2 ☐ **ANNE-MARIE ALINE**

3 Date et lieu de naissance **28/11/1979**
POITIERS (86)

4 Domicile **11 TER GRAND-RUE**
86000 POITIERS

5 Délivré par **LE PRÉFET (86)**

6 **À POITIERS**

7 le **01/06/98**

8 Nº **70028600373**

L'Attaché Délégué

Signature du titulaire

9. 🔊 **Faites une croix si vous entendez les sons suivants.**

	/wa/	/wi/	/yi/			/wa/	/wi/	/yi/
a.	☐	☐	☐	**f.**		☐	☐	☐
b.	☐	☐	☐	**g.**		☐	☐	☐
c.	☐	☐	☐	**h.**		☐	☐	☐
d.	☐	☐	☐	**i.**		☐	☐	☐
e.	☐	☐	☐	**j.**		☐	☐	☐

10. 🔊 **Faites une croix si vous entendez les sons suivants.**

	/ɛ̃/	/ã/	/õ/			/ɛ̃/	/ã/	/õ/
a.	☐	☐	☐	**e.**		☐	☐	☐
b.	☐	☐	☐	**f.**		☐	☐	☐
c.	☐	☐	☐	**g.**		☐	☐	☐
d.	☐	☐	☐	**h.**		☐	☐	☐

11. 🔊 **Qu'est-ce que vous entendez ? Faites une croix.**

a. – Il s'épelle comment ? ☐
– Il s'appelle comment ? ☐

b. – Tiens ! ☐
– Bien ! ☐

c. – C'est lui. ☐
– C'est Louis. ☐

d. – Madame Loisel. ☐
– Mademoiselle. ☐

e. – Elles vont bien. ☐
– Elles font bien. ☐

f. – C'est ici. ☐
– C'est d'ici. ☐

g. – Mesdames, Messieurs… ☐
– Madame, Monsieur… ☐

h. – Cet homme ment ? ☐
– C'est comment ? ☐

12. 🔊 **Question ou exclamation ?**

	Q	E			Q	E
a.	☐	☐	**f.**		☐	☐
b.	☐	☐	**g.**		☐	☐
c.	☐	☐	**h.**		☐	☐
d.	☐	☐	**i.**		☐	☐
e.	☐	☐	**j.**		☐	☐

J'ADORE... !

À (la télévision), adorer, aimer, aussi, beaucoup, carte (à jouer), cinéma, classique, contraire (au), dame, danse, danser, détester, discothèque, écouter, enfant, escargot, exposition, film, informations, jeune, journal(-aux), lire, livre, mais, manger, musée, musique, opéra, pas du tout, publicité, radio, regarder, reportage, restaurant, sport, télévision, théâtre, variétés, visiter, voyage, voyager

*Bof

• N'/ne... pas • oui/non/si • Le, l', la, les • Un, une, des
• (Aller jouer) à la, à l', au, aux • on

1. Le, la, les / au, aux, à l', à la ? Complétez.

a. – Moi, j'aime bien *les* films à .... télévision ; mais j'adore .... reportages.

b. – Je déteste .... opéra, mais j'adore .... théâtre.

c. – Moi, je ne vais pas .... restaurant ; je ne lis pas du tout .... journal, je ne visite pas .... musées.

d. – J'aime beaucoup jouer .... cartes et écouter .... informations .... radio.

e. – Je déteste écouter .... publicités à .... radio.

2. Un ou une ? Complétez.

Un reportage	*une* publicité	.... journal	.... film	.... discothèque
.... télévision	.... restaurant	.... cinéma	.... musée	.... livre
.... théâtre	.... voyage	.... musique	.... radio	.... opéra

3. Répondez positivement ou négativement.

a. Vous aimez les sports ? – *Je n'aime pas ça du tout.*

b. Vous détestez lire, je crois ? – ....

c. Elle est peut-être italienne... – ....

d. Ils ne mangent pas au restaurant ? – *Si,* ....

e. Vous êtes française ? – ....

f. Ils ne jouent pas aux cartes ? – ....

g. Ils n'aiment pas la musique classique ? – ....

h. Il n'est pas belge, lui ? – ....

i. C'est une Danoise, je crois ? – ....

4. Aller et être. Complétez la grille avec leurs formes conjuguées.

			E	
			T	
A	L	L	E	R
			E	

5. Remettez tous ces mots dans le dialogue.

beaucoup, êtes, moi, suis, d', vous, de, aussi, aimez, adore, ne... pas...

– Bonjour. Vous êtes .... Marseille ?

– Oui, ... aussi ?

– Non, je .... suis .... de Marseille, moi.

– Vous .... d'où ?

– Je viens .... Helsinki : je .... finlandais.

– Vous .... la musique ?

– Oh oui, et .... la danse classique.

– .... aussi, j'aime .... ça : j'.................... l'opéra de Marseille.

6. Faites rimer les mots.

a. *allemand / comment*

b. américain / ....

c. française / ....

d. elle / ....

e. étranger / ....

f. excusez / ....

g. nationalité / ....

h. non / ....

i. mais / ....

j. italien / ....

7. Répondez avec la négation.

a. Elle est enchantée ? → *Non,* ....

b. Vous comprenez ? → *Non,* ....

c. Vous vous appelez Jean Granjean ? → ....

d. C'est lui ? → ....

e. Elles aiment la danse classique ? → ....

f. Vous détestez les escargots ? → ....

g. Ils aiment beaucoup voyager ? → ....

h. Vous écoutez la radio ? → ....

i. Elles regardent la télévision ? → ....

8. Espaces, majuscules, apostrophes, ponctuation ? Récrivez correctement les phrases.

a. moijedétestelesescargotspasvous : ....

b. lesfrançaisaimentécouterlesinformationsàlaradio : ....

c. jenaimepaslecinémaàlatélévision : ....

d. cenestpasunanglaiscestunaméricain : ....

e. – vousnaimezpasbeaucouplopérajecrois : – ....

– maissijeunehommejadoreça : – ....

9. Complétez les dialogues avec une formule de politesse.

a. – [................], vous êtes Monsieur Chang ?

– Non, [................], je m'appelle Ming.

– Ah, [................], Monsieur Ming.

b. – [................], Madame. Quel est votre nom ?

– Je m'appelle Lundeberg, Eva Lundeberg.

– [................], c'est *Lundeberg* ou *Lindeberg* ?

– LUNDEBERG.

– Ah, bien, [................], Madame.

c. – Tiens ! [................], Mademoiselle Jos. Vous allez bien ?

– Très bien, [................], et vous ?

– Moi, ça va. Euh, vous allez à l'exposition ?

– Non, je déteste ça.

– Ah ? Euh, eh bien [................].

– C'est ça, [................].

10. Qu'est-ce qu'ils aiment ? Qu'est-ce qu'ils détestent ? Écrivez leurs réponses possibles.

Diane : Moi, ...

....

....

....

Rachid : ....

....

....

....

Zora : ....

....

....

....

Erwan : ....

....

....

....

11. 📼 Singulier (S), ou pluriel (P), ou une ou plusieurs personnes (?) Faites une croix.

	S	P	?			S	P	?
a. *Il(s) s'appelle(nt) Martin.*	☐	☐	☒	**e.** ……………………………		☐	☐	☐
b. ……………………………	☐	☐	☐	**f.** ……………………………		☐	☐	☐
c. ……………………………	☐	☐	☐	**g.** ……………………………		☐	☐	☐
d. ……………………………	☐	☐	☐	**h.** ……………………………		☐	☐	☐

12. 📼 Masculin ou féminin ? Faites une croix.

	a.	**b.**	**c.**	**d.**	**e.**	**f.**	**g.**	**h.**	**i.**	**j.**
M	☐	☐	☐	☐	☐	☐	☐	☐	☐	☐
F	☐	☐	☐	☐	☐	☐	☐	☐	☐	☐

13. 📼 Négatif (N) ou positif (P) ?

	N	P			N	P
a. *Je déteste lire.*	☒	☐	**e.** ……………………………		☐	☐
b. ……………………………	☐	☐	**f.** ……………………………		☐	☐
c. ……………………………	☐	☐	**g.** ……………………………		☐	☐
d. *Ça va très bien, merci.*	☐	☒	**h.** ……………………………		☐	☐

14. 📼 Question, affirmation ou exclamation ? Faites une croix.

	a.	**b.**	**c.**	**d.**	**e.**	**f.**	**g.**	**h.**	**i.**	**j.**
Q	☐	☐	☐	☐	☐	☐	☐	☐	☐	☐
A	☐	☐	☐	☐	☐	☐	☐	☐	☐	☐
E	☐	☐	☐	☐	☐	☐	☐	☐	☐	☐

15. 📼 Qu'est-ce que vous entendez ? Faites une croix.

a.	mais si	☐	**e.**	encore une voix	☐
	merci	☐		encore une fois	☐
b.	la dame	☐	**f.**	elles aiment	☐
	madame	☐		elles s'aiment	☐
c.	les musées	☐	**g.**	on aime rire	☐
	des musées	☐		on aime lire	☐
d.	enfant	☐	**h.**	libre	☐
	enfin	☐		livre	☐

VOUS PARLEZ D'AUTRES LANGUES ?

Amusant(e), apprendre, arabe, autre, bien, bien sûr, bizarre, comprendre, connaître, demain, enquête, faire, football, intéresser, langue, moderne, parler, passionné- ment, (un) peu, pour, pourquoi, préférer, présenter, seulement, tennis

*Ciné

• Ce sont • Quelles...? • Qu'est-ce que...? • Qu'est-ce qui...? • Qui? / Qui est-ce?

1. Complétez le tableau des verbes.

	....	**aller**	....	....	....
je	suis	....	....	viens	....
il/elle/on	....	....	lit	....	apprend
vous	....	allez	....	....	....
ils/elles	....	....	....	....	....

2. Un, une, des? Complétez les phrases.

a. C'est .... Japonaise.

b. C'est .... Espagnol.

c. Ce sont .... Anglaises.

d. Ce sont............. Belges.

e. C'est .... Turque.

f. Ce sont .... Grecs.

g. C'est .... étrangère.

h. C'est .... dame très amusante.

i. Ce sont .... enfants heureux.

j. C'est .... langue bizarre.

3. Le, la, les, l'? Complétez ces titres de reportages.

..... **homme,** ..... **femme et** ..... **enfant**

Connaître ..... langues étrangères, c'est aimer ..... voyages

..... femmes et ..... Europe

..... **États-Unis et** ..... **Chine**

..... FRANÇAIS ET ..... SPORT

..... femme et ..... publicité

..... États européens et ..... nationalité européenne

..... **Européens et** ..... **musique**

Lire ..... journaux ou regarder ..... informations à ..... télévision?

Pourquoi ..... *jeunes préfèrent écouter* ..... *radio.*

4. Trouvez une question possible.

a. – .... variétés ?

– Non, je préfère les informations.

b. – .... ?

– Au théâtre ou au cinéma, je ne sais pas.

c. – .... ?

– Au contraire, je déteste ça !

d. – .... ?

– Si, elle aime beaucoup écouter la radio.

e. – .... ?

– J'aime bien visiter les musées.

f. – .... ?

– Mais si, passionnément !

g. – .... ?

– Oh, moi, jouer aux cartes !

h. – .... ?

– Non, seulement le français.

5. Graffitis : ajoutez au moins un graffiti à cette liste.

J' ❤ LES FEMMES !

LUC AIME LUCIANA

J'ADORE LE SPORT

Je déteste les musées !

MOI, j'aime PAS les graffitis !!!

Les hommes préfèrent le foot !

6. Reliez.

a. Elles sont

b. Ce sont

c. Ils vont

d. On vient

e. On parle

f. Vous lisez

g. Il apprend

h. Vous connaissez

1. des Suisses.

2. d'Oslo.

3. quelles langues étrangères ?

4. les journaux ?

5. Monsieur Martin ?

6. désolées.

7. français.

8. à l'exposition.

7. Qui parle ?

« – Je n'aime pas du tout danser, mais j'aime bien regarder la danse classique. Je préfère l'opéra, l'opéra italien. Ça, j'adore ! Je ne comprends pas bien la langue, mais j'aime passionnément la musique. À l'opéra, je regarde, j'écoute… et je suis heureuse : je voyage, vous comprenez ? »

→ un homme ☐ ? une femme ☐ ? on ne sait pas ☐ .

8. Complétez avec une expression ou un mot interrogatifs.

a. .... vous appelez-vous ?

b. .... nationalité êtes-vous ?

c. .... est votre nom ?

d. .... langues parlez-vous ?

e. .... elle n'aime pas faire ?

f. – Vous connaissez Einstein ?

– Non, ... ?

g. .... viennent-elles ?

h. .... allez-vous ?

i. .... vous n'aimez pas les escargots ?

9. Complétez le dialogue avec les mots suivants.

amusant, autres, aussi, beaucoup, connaissez, étrangères, l', l', le, le, le, parler, quelles, qu'est-ce qui, un peu

– .... vous intéresse ?

– Voyager ...., et .... des langues ....

– .... langues parlez-vous ?

– .... anglais, ... danois, ... grec moderne, ... italien et .... japonais.

– Vous .... d'..................... langues ?

– Oui, je parle .... allemand et luxembourgeois.

– Ah ? le luxembourgeois .... ?

– Oui, c'est ...., n'est-ce pas ?

10. « Six questions à... »

Rédigez les 6 questions que vous poserez à votre invitée, Patricia Kaas, dans votre émission de ce soir à la télévision (goûts, loisirs, langues parlées, etc.).

a. ....

b. ....

c. ....

d. ....

e. ....

f. ....

11. 🖭 Verbes : écoutez et complétez.

a. *Elle(s) s'appelle(nt)* **e.** .... détest.......... **i.** .... ador ....

b. .... aim.................. **f.** .... li.............. **j.** .... préfér..............

c. .... aim.................. **g.** .... préfér.......... **k.** .... préfér..............

d. .... ador .... **h.** .... ador .... **l.** .... regard ....

12. 🖭 Faites une croix sous le verbe que vous entendez.

	être	aimer	lire	aller	venir	s'appeler	détester
a.	☐	☐	☐	☐	☐	☐	☐
b.	☐	☐	☐	☐	☐	☐	☐
c.	☐	☐	☐	☐	☐	☐	☐
d.	☐	☐	☐	☐	☐	☐	☐
e.	☐	☐	☐	☐	☐	☐	☐
f.	☐	☐	☐	☐	☐	☐	☐
g.	☐	☐	☐	☐	☐	☐	☐
h.	☐	☐	☐	☐	☐	☐	☐
i.	☐	☐	☐	☐	☐	☐	☐
j.	☐	☐	☐	☐	☐	☐	☐

13. 🖭 On aime ou pas ? Écoutez et faites une croix.

	détester	aimer un peu	adorer
a.	☒	☐	☐
b.	☐	☐	☐
c.	☐	☐	☐
d.	☐	☐	☐
e.	☐	☐	☐
f.	☐	☐	☐
g.	☐	☐	☐
h.	☐	☐	☐
i.	☐	☐	☐

– Vous aimez la musique classique ? – Pas du tout !

14. 🖭 Qu'est-ce que vous entendez ? Faites une croix.

a. C'est Pizarre. ☐
C'est bizarre. ☐

b. … de demain ☐
… des deux mains ☐

c. Vous lisez. ☐
Vous lissez. ☐

d. Vous parlez votre langue ? ☐
Vous parlez d'autres langues ? ☐

e. Dites, c'est qui ? ☐
Dites, c'est Guy ? ☐

f. Ça vient d'une télévision. ☐
C'est bien une télévision. ☐

g. C'est pour une requête. ☐
C'est pour une enquête. ☐

h. J'aime le ciné. ☐
J'aime dessiner. ☐

OMMENT ÇA S'ÉCRIT ?

COMMENT ÇA S'ÉCRIT ?

QUOI DE NEUF ?

Accent, aigu(-uë), alphabet, apostrophe, avec, cédille, circonflexe, combien, comme, compliqué(e), écrire (ça s'écrit), ennuyeux, épeler, faire (ça fait), grave (accent), il y a, là, majuscule, malheureusement, minuscule, moins (–) [≠ plus], pays, plus (+), plus loin, pouvoir (je pourrais), prononcer (ça se prononce), quitter (Ne quittez pas !), téléphone, trait d'union, vouloir (je voudrais)

*Restau *resto (= restaurant), *nom de nom !

Les nombres : zéro, un, deux, trois, quatre, cinq, six, sept, huit, neuf, dix, onze, douze, treize, quatorze, quinze, seize, dix-sept, dix-huit, dix-neuf, vingt, vingt et un, vingt-deux, vingt-trois [...], trente, trente et un, trente-deux [...], quarante, cinquante, soixante, [...] soixante-neuf

1. Complétez par le bon verbe.

a. – Vous conna............... Montluçon ?

– Non, je .... désolée, je ne conna............... pas Montluçon, non. Moi aussi, je .... étrangère.

b. – Je voudrais p............... à Madame Dupond, s'il vous ....

– Désolé, elle n'............... pas là.

c. – Je m'............... Julie Guillot, je ....suisse, de Lausanne.

– Moi, c'............... Gilles Aumé.

– Pardon ? Vous vous .... comment ?

d. – Je m'............... Icks, oui : Icks, c'............... mon nom.

– Pardon ? Je ne c .... pas.

– Vous ne c .... pas ? Attendez : j'épelle : Icks : I-C-K-S ! Ça va ?

2. Non ! Répondez avec la négation.

a. – Vous aimez l'opéra ? – *Non, je n'aime pas l'opéra.*

b. – Vous comprenez ? – *Non,* ....

c. – Mme Moreau est là ? – ....

d. – Elles écoutent la radio ? – ....

e. – C'est amusant ? – ....

f. – Votre nom, ça s'écrit « I-X » ? – ....

3. Complétez les dialogues.

a. – .... ?

– Moi, c'est Lucien.

– .... ?

– C'est mon nom.

– .... ?

– Oui, n° 10, rue Balzac.

b. – .... ?

– Luc ou Claude Martin ? Il y a deux « Monsieur Martin », ici…

– .... ?

– Ah, il n'est pas là.

– .... ?

– Désolé.

4. Espaces, apostrophes, majuscules, ponctuation ? Récrivez correctement les phrases.

a. – nonjeneconnaispasannecy → – *Non, je ne connais pas Annecy.*

b. – désoléejenecomprendspas → – ....

c. – silvousplaîtjepourraisparleràmonsieurdurand → – ....

d. – cenestpasmoicestlui → – ....

e. – cestennuyeuxilyadeuxmartinici → – ....

5. Reliez.

en	tions
beau	aire
informa	ment
hom	quête
contr	ien
com	ant
mon	ment
ven	coup
comb	me
amus	sieur
malheureuse	ir

6. Complétez avec l'article un/une et le/l'/la.

a.	*un* nom	*le* nom		**h.**	.... journal	.... journal
b.	.... restaurant	.... restaurant		**i.**	.... radio	.... radio
c.	.... dame	.... dame		**j.**	.... télévision	.... télévision
d.	.... alphabet	.... alphabet		**k.**	.... voyage	.... voyage
e.	.... homme	.... homme		**l.**	.... reportage	.... reportage
f.	.... enquête	.... enquête		**m.**	.... musée	.... musée
g.	.... téléphone	.... téléphone		**n.**	.... variété	.... variété

7. Complétez le dialogue avec les mots suivants.

aussi, c'est, enchantée, de, qui est-ce ?, êtes, connaissez, suis, présente, de, venez, amusant, si.

– Vous .... Michèle Clair ?

– Euh, non. .... ?

– .... une Canadienne, elle est québécoise, ... Montréal.

– Michèle ! Je vous .... Henri Leclerc.

– Ah, ..., Monsieur Leclerc. Vous .... français ?

– Non. Moi ...., je .... québécois.

– Vous ne .... pas .... Montréal ?

– .... !

– Ah ça, c'est .... !

8. Espaces, majuscules, apostrophes, accents, ponctuation ? **Récrivez ce message.**

« bonjourjemappelleisabellebessonjesuiscanadiennedetroisrivieresauquebecjeparlefrançaisbiensuretanglaisetunpeulesuedoisjecomprendslitalienjaimeleslanguesquestcequiminteresseaussiletennisetlefootballamericainjevoudraisbienapprendreladanseclassiquemaisjedetestelesdiscothequesjaimebeaucouplecinemamaisjepreferreletheatreahjaimeaussipassionnementlesvoyagesetvous »

....

....

....

....

9. Trouvez le (ou les) mot(s) dans chaque liste horizontale.

Exemple : 4 → a – sont – il

1	I	C	O	M	B	I	E	N	E	L
2	B	A	U	T	A	U	S	S	I	R
3	O	J	E	A	C	R	O	I	S	I
4	A	M	S	O	N	T	I	N	I	L
5	I	M	L	A	V	Ç	A	X	N	E
6	E	T	A	D	I	T	E	S	E	Y
7	O	L	U	I	S	U	I	C	I	L
8	I	N	E	X	P	A	S	A	L	E
9	U	M	P	A	Y	S	A	O	N	O
10	L	A	V	E	C	Z	N	O	M	S

10. Scrabble. Écrivez un mot avec chaque groupe de lettres (utilisez toutes les lettres !).

a. T-O-M → *mot*

b. P-E-R-L-E-E → ....

c. G-A-V-E-R → ....

d. C-A-V-E → ....

e. B-R-A-I-R-E-Z → ....

f. S-E-R-P-E-N-T-E-R → ....

g. T-R-E-S S-E-R-E-I-N → ....

h. D-E R-E-N-O-M → ....

i. S-I-M-O-N → ....

j. A-C-T-I-O-N-N-E-R → ....

11. Comment ça s'écrit ? Écoutez et notez.

a. *BEAUDOMMAGE*

b. ....   d. ....

c. ....   e. ....

12. Quel est son numéro de téléphone ? Écoutez et notez.

a. ....   d. ....

b. ....   e. ....

c. ....   f. ....

13. Vrai ou faux ?

	VRAI	FAUX			VRAI	FAUX
a.	☒	☐	12 + 18 = 30	e.	☐	☐
b.	☐	☐		f.	☐	☐
c.	☐	☐		g.	☐	☐
d.	☐	☐				

14. Faites une croix si vous entendez les sons suivants.

	/s/	/z/			/s/	/z/
a.	☐	☒	*zéro*	g.	☐	☐
b.	☐	☐		h.	☐	☐
c.	☐	☐		i.	☐	☐
d.	☐	☐		j.	☐	☐
e.	☐	☐		k.	☐	☐
f.	☐	☐		l.	☐	☐

QUOI DE NEUF ?

Adresse, alors, avoir, B.D. (bande dessinée), coordonnées, dire, famille, habiter, lentement, maintenant, numéro, où ?, plus lentement, pouvoir, préféré(e), répéter, rue, ville, voiture

*Truc

Les nombres : soixante-dix, soixante et onze, quatre-vingts, quatre-vingt-un, quatre-vingt-dix, quatre-vingt-onze, quatre-vingt-dix-neuf, cent

• Ma, mon, mes, sa, son, ses, leur, leurs, vos, votre
• C'est le/la/les ... de ...
• Aller à..., être de..., habiter à..., venir de / d'...

⌐ **1. Avoir et être. Complétez la grille.**

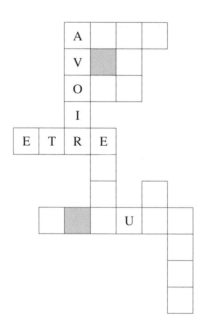

⌐ **2. Mots croisés. Complétez la grille et les définitions.**

	1	2	3	4	5	6	7	8	9	10
A										
B										
C										
D										
E										
F										

Horizontalement :
B. Je .... enchantée.
C. Vous .... de quelle nationalité ?
D. – Votre .... s'il vous plaît ?
– Je m'appelle Martin. .... est français.
F. Qu'est-ce que vous .... : le théâtre ou l'opéra ?

Verticalement :
1. Elles .... amusantes.
2. Vous êtes d'.................. ?
5. Peut-..................
6. Lui .... moi, on s'appelle Martin.
7. C'est lui ? Non, c'est ....
8. Vous connaissez Nadia, non ?
Vous avez .... coordonnées ?
10. Vous .... français, n'est-ce pas ?

3. Complétez par le bon verbe.

a. – Je pourrais .... vos coordonnées ?

– Oui. J'h..................... Grande Rue à Poitiers, mais je n'............. pas le téléphone.

b. – Qu'est-ce que vous di..................... ? Je ne co..................... pas, désolé.

c. – Vous p..................... répéter lentement s'il vous .... ?

d. – Elles a..................... le grec moderne.

e. – Ça ne se p..................... pas comme ça s'..................... !

f. – Vous .... un numéro de fax ?

g. – Ils .... une voiture ? Alors, ils p..................... venir ici.

4. Complétez le tableau des verbes.

	....	....	....	....	**pouvoir**	....
j'	....	....	....	....	....	....
je	....	lis	....	....	....	vais
il/elle/on	a	....	....	....	....	....
vous	....	....	....	venez	....	....
ils/elles	....	....	disent	....	....	....

5. Complétez (verbes) et faites l'accord (adjectifs) si nécessaire.

a. J'*ai* une télévision : elle est japonais*e*.

b. Il ..... des B.D. : elles sont américain......

c. Elles .... des livres étranger..... : ils .... suisse....., je crois.

d. Ici, vous .... les télévisions étranger..... : le numéro 16, c'......... la télévision grec......

e. Ici, il y ..... deux restaurants étranger..... : ils .... grec......

f. Leur..... variétés préféré..... ? Ils adore..... les variété..... espagnol......

g. – C'......... amusant, non ? / Pardon ? Ah, oui : l'alphabet grec..... !

h. – Vous c..................... se..... coordonnées ?

– Non, seulement s..... adresse.

6. Son ou sa ? Complétez.

a. .... prénom   **b.** .... nationalité   **c.** .... livre   **d.** .... voyage

e. .... enfant   **f.** .... télévision   **g.** .... B.D.   **h.** .... enquête

i. .... téléphone   **j.** .... adresse   **k.** .... famille   **l.** .... film

7. Complétez par des adjectifs possessifs : ma, mon, mes, votre, vos.

a. – Dites, c'est .... voiture, là ?

– Non, ce n'est pas .... voiture.

b. – Vous pouvez me dire .... adresse ?

– .... adresse ? J'habite 99, rue de Varennes.

c. – « Bernard », c'est .... prénom ?

– Non, c'est .... nom.

d. – Quels sont .... films préférés ?

– .... films préférés sont américains et suédois.

e. – Et .... B.D. préférée ?

– Ah, ... B.D. préférée, c'est « Tintin ».

f. – .... famille habite à Lyon ?

– Non, moi j'habite à Lyon, mais .... famille est à Paris.

g. – Et .... enfants ?

– Ah, ... enfants habitent aussi à Paris.

8. Faites rimer les mots.

a. monsieur / *ennuyeux*

b. dire / ....

c. avoir / ....

d. seulement / ....

e. homme / ....

f. comprendre / ....

g. Elles sont / ....

h. moins / ....

i. j'épelle / ....

j. majuscule / ....

k. cédille / ....

9. On a oublié la première lettre de tous ces mots. Retrouvez-la et écrivez correctement les mots.

- *Épeler*
- ......izarre
- ......ais
- ......onnaître
- ......aire
- ......ille

- ......lus
- ......erci
- ......on
- ......nquête
- ......ays
- ......isiter

- ......ouer
- ......vec
- ......omme
- ci
- ......rénom
- ......iens

- ......oin
- ......emain
- ......ccent
- ......dresse
- ......ue
- ......uel

10. Barrez les mots inutiles.

a. Vous habitez où de à Lyon ?

b. Je viens d'où de Paris.

c. Je vais où aux à États-Unis.

d. Vous êtes de d'd'où Angers ?

e. Qu'est-ce qui vous intéresse pas de à Paris ?

f. Qu'est-ce que il vous aimez où faire à pas ici ?

g. Comment pourquoi elle qu'est-ce que ça s'écrit ?

h. C'est il y a ma mes mon bande dessinée j'aime préférée.

11. Rédigez les questions posées par l'agent de police (6 au minimum).

– .... ?

– .... ?

– .... ?

– .... ?

– .... ?

– .... ?

12. 📼 Écrivez les numéros de téléphone que vous entendez.

a. ....   **e.** ....

b. ....   **f.** ....

c. ....   **g.** ....

d. ....   **h.** ....

13. 📼 C'est une question ou non ?

	OUI	NON			OUI	NON
a. *Vous n'avez pas le téléphone ?*	☒	☐	**e.**		☐	☐
b.	☐	☐	**f.**		☐	☐
c.	☐	☐	**g.**		☐	☐
d.	☐	☐	**h.**		☐	☐

ET LE TRAVAIL, ÇA VA ?

Acteur / actrice, agriculteur / agricultrice, avocat / avocate, banque, branche, chez, chimie, dans, déjà, dur(e), en (+ pays), enfin, (à l') étranger, étudiant(e), fatigant(e), femme au foyer, fille au pair, fonctionnaire, informatique, ingénieur, intéressant(e), journaliste, malheureux(-euse), médecin, moment, oublier, pas encore, (les)Pays-Bas, plaire, plus tard, profession, savoir, secrétaire, travail, travailler, usine, vie, vouloir

*Boulot, *nul (= mauvais)

• La, l', le, les / de, d', du, des / en, au, aux

1. Complétez avec les verbes aller, être, avoir, vouloir, savoir ou faire.

a. Je .... enchantée.

b. Vous .... étudiante ?

c. C'........................... intéressant.

d. Vos enfants, qu'est-ce qu'ils .... faire plus tard ?

e. Votre médecin .... bien ?

f. Vous .... combien de secrétaires ?

g. D'où ....-vous ?

h. Où ....-vous ?

i. Ça .... combien ?

j. J'........................... un travail fatigant.

k. Elles ne .... pas où elles ....

2. Reliez.

Elle est agricul	taire
Elle est fonction	teur
Il est ac	naires
Elle est secré	trice
Ils sont fonction	nieur
Elles sont journa	diante
Il est avo	naire
Elle est ingé	cin
Elle est étu	cat
Il est méde	listes

3. En, au ou aux ? Complétez.

a. .... Canada
e. .... États-Unis

b. .... France
f. .... Pays-Bas

c. .... Espagne
g. .... Turquie

d. .... Maroc
h. .... Japon

4. le, l', la, les... ? Complétez.

a. .... Autriche
e. .... journalistes

b. .... étudiantes
f. .... voyage

c. .... avocate
g. .... usine

d. .... médecin
h. .... homme

5. Complétez avec un mot interrogatif ou une expression interrogative.

a. .... ça fait en euros ?
f. .... est votre profession ?

b. Ça s'écrit .... ?
g. .... ils détestent faire ?

c. .... venez-vous ?
h. .... habitez-vous ?

d. .... vous préférez ?
i. .... est son nom ?

e. .... sont vos coordonnées ?

6. Écrivez des phrases avec ces mots.

a. ingénieurs – 73 – branche – usine – informatique – dans – il y a

....

b. aimer – fonctionnaires – ne – pas – agriculteurs – beaucoup

....

c. ingénieur – travailler – à l'étranger – être – étudiant – vouloir – mais – maintenant – plus tard

....

....

7. Complétez par un possessif.

a. J'aime .... travail, mais je préfère .... livres.

b. Dites, ... profession est intéressante ?

c. C'est un médecin étranger, mais je ne connais pas .... nationalité.

d. .... nom et .... coordonnées, s'il vous plaît.

e. Il connaît bien .... boulot.

f. Mme Martin ? Oui, je connais .... adresse et .... profession, mais je ne sais pas quel est

.... numéro de téléphone.

8. Faites correspondre (attention ! Il y a plusieurs possibilités).

un numéro •	• européenne
une étudiante •	• dure
la monnaie •	• malheureux
un voyage •	• ennuyeuse
une branche •	• allemands
un homme •	• compliqué
une profession •	• américaines
des ingénieurs •	• allemande
des actrices •	• fatigant

9. a. Présentez-le.

– Vous vous appelez Giorgos Mazonakis ?   Il ....

– C'est moi, oui.   ....

– Vous n'êtes pas d'ici…   ....

– Non.   ....

– Vous êtes de quel pays ?   ....

– Je suis grec.   ....

– Ah, vous venez de Grèce…Vous habitez Athènes ?   ....

– Non, Thessalonique.   ....

– Qu'est-ce que vous faites, dans la vie ?   ....

– Je suis ingénieur.   ....

b. Présentez-la.

Mon nom est Garbo, Greta Garbo. Mon pays, c'est la Suède, mais je suis chez moi aux États-Unis. Je suis actrice, je travaille dans le cinéma.

Elle ....

....

....

....

Je m'appelle Albert Einstein. Je suis allemand, et suisse mais j'habite à Princeton, aux États-Unis. Je suis ingénieur, je travaille dans la physique et dans la chimie.

Il ....

....

....

....

10. Faites une croix devant l'expression qui correspond.

a. Qu'est-ce qu'elles font dans la vie ?
- ☐ Qu'est-ce qui les intéresse ?
- ☐ Leur travail est intéressant ?
- ☐ Quelle est leur profession ?

b. Il est à l'étranger.
- ☐ Il est étranger.
- ☐ Il habite dans un autre pays.
- ☐ Il travaille avec des étrangers.

c. Encore une fois, on oublie les étudiants !
- ☐ On ne s'intéresse pas aux étudiants.
- ☐ Les étudiants ne travaillent pas.
- ☐ Les étudiants sont ennuyeux.

d. Vous voulez parler à Mme Leblanc ? Un moment, s'il vous plaît.
- ☐ Pour parler, c'est maintenant.
- ☐ Parlez lentement.
- ☐ Attendez un peu.

e. Ça vous plaît ?
- ☐ Vous aimez ça ?
- ☐ Ça va ?
- ☐ C'est comment ?

f. Vous voulez connaître la Martinique ?
- ☐ Vous voulez présenter la Martinique ?
- ☐ Vous voulez savoir où est la Martinique ?
- ☐ Vous voulez visiter la Martinique ?

g. Le travail est dur à l'usine.
- ☐ C'est un travail ennuyeux.
- ☐ C'est un travail fatigant.
- ☐ C'est un travail compliqué.

11. ▭ Écoutez et faites une croix devant les professions que vous entendez.

☐ ingénieur ☐ avocat ☐ médecin ☐ secrétaire ☐ journaliste ☐ agricultrice ☐ acteur

12. ▭ Écrivez les nombres que vous entendez.

a. *17*

b. .... **c.** .... **d.** .... **e.** .... **f.** .... **g.** ....

h. .... **i.** .... **j.** .... **k.** .... **l.** .... **m.** ....

13. ▭ Ont, sont ou font ? Faites une croix.

	ont	sont	font		ont	sont	font
a.	☒	☐	☐	**e.**	☐	☐	☐
b.	☐	☐	☐	**f.**	☐	☐	☐
c.	☐	☐	☐	**g.**	☐	☐	☐
d.	☐	☐	☐	**h.**	☐	☐	☐

14. ▭ Singulier ou pluriel ? Faites une croix.

	S	P	?		S	P	?
a.	☐	☒	☐	**e.**	☐	☐	☐
b.	☐	☐	☐	**f.**	☐	☐	☐
c.	☐	☐	☐	**g.**	☐	☐	☐
d.	☐	☐	☐	**h.**	☐	☐	☐

unité 8 ÇA FAIT COMBIEN?

QUOI DE NEUF?

Allez!, (à) bientôt, bon, bon!, change, changer, compter, d'accord, demi, devoir, égal(-e/-aux), en (+ *monnaie*), indicatif, journée, monnaie, partir, payer, à peu près, quoi?, renseignement, téléphoner, virgule, voilà

L'Arménie, l'Australie, la Chine, l'Équateur, l'Inde, l'Iran, le Japon, la Mongolie, le Pakistan, le Paraguay, la Slovénie, la Turquie, le Venezuela

Les nombres : cent, deux cents, trois cents, [...] neuf cents, mille, mille deux cents, [...] mille cinq cents, [...] dix mille, [...] cent mille, [...] un million, [...] un milliard

• De l', de la, des   • pour (+ *inf.*)

1. Conjuguez les verbes.

a. Il .... en voyage. *(partir)*

b. Vous .... payer en euros. *(pouvoir)*

c. Est-ce que vous .... ses coordonnées ? *(vouloir)*

d. Elles .... en Italie. *(aller)*

e. Je .... quel indicatif pour la Suède ? *(faire)*

f. Ils .... dans quelle branche ? *(travailler)*

g. Je ne .... pas la Slovénie. *(connaître)*

h. Vous .... faire le 351 pour le Portugal. *(devoir)*

2. Écrivez en toutes lettres.

a. 111 : ....

b. 333 : ....

c. 777 : ....

d. 888 : ....

e. 2222 : ....

f. 9999 : ....

g. 4444 : ....

h. 1414 : ....

i. 2001 : ....

j. 2010 : ....

k. 333 333 : ....

l. 1 111 111 : ....

3. Du, de l', de la ou des ? Écrivez l'expression correcte.

a. *Monnaie + Grèce*   → *C'est la monnaie de la Grèce.*

b. Journée + fonctionnaires → ....

c. Monnaie + Japon   → ....

d. Indicatif + pays   → ....

e. Médecin + usine   → ....

f. Adresse + avocate   → ....

g. Travail + secrétaire   → ....

h. Coordonnées + étudiante → ....

i. Nationalité + étudiants   → ....

4. Complétez avec l'adjectif « bon » et faites l'accord.

a. .... voyage, Monsieur Dumollet !

b. .... journée, Madame Martin !

c. .... travail pour vous !

d. L'euro est une .... monnaie.

e. C'est un .... ingénieur.

f. C'est une .... journaliste.

g. Ce sont de .... étudiantes.

h. J'ai une très .... secrétaire.

i. 47, c'est le .... indicatif pour la Norvège ?

j. Elle est .... actrice.

5. Chassez l'intrus. Barrez le mot qui ne va pas avec les autres.

a. avec – et – aussi – mais.

b. égal – comme – étranger – ça fait.

c. bon – allez ! – bonjour – au revoir – quoi ? – merci – à bientôt.

d. mon – sa – leurs – lui – notre – vos.

e. vouloir – savoir – bonsoir – avoir – pouvoir.

f. partir – aller – venir – quitter – oublier.

6. Scrabble. Écrivez un mot avec chaque groupe de lettres.

a. TURC   → *truc*

b. CRIME   → ....

c. LA PIRE   → ....

d. GAEL   → ....

e. DIME   → ....

f. BOTTINE   → ....

g. ON ANIME   → ....

h. EN RESISTANT   → ....

i. SACREE TIRE   → ....

↪ 7. Écrivez de quatre façons différentes comment demander où se trouve la banque.

a. ....

b. ....

c. ....

d. ....

↪ 8. Espaces, majuscules, apostrophes, accents, ponctuation ? Récrivez correctement les phrases.

a. pardonmadamejepourraisavoirunrenseignementsilvousplait : ....

....

b. onpeutpayereneurosdansvotrepays : ....

c. montravailalabanqueesttresennuyeux : ....

d. jevoudraissavoiroujepeuxchangermamonnaieetrangere : ....

....

e. jefaiscommevousjetravailledanslinformatique : ....

↪ 9. Écrivez le nom des pays.

a. On parle anglais ; c'est où ? → *en Angleterre, aux États-Unis, au Canada, en Australie…*

b. On parle français ; c'est où ? → ....

c. Là, il y a des dollars ; où ? → ....

d. Leur monnaie s'appelle le « yen » ; c'est où ? → ....

e. Là aussi, on parle portugais ; où ? → ....

f. Leur monnaie, c'est le « yuan » ; où est-ce ? → ....

g. Ils paient en « roupies » ; où ? → ....

h. C'est un autre pays où on parle espagnol ; où ? → ....

↪ 10. Faites une phrase avec un maximum de mots qui commencent par…

a. MO → *Un moment, Monsieur, voilà votre monnaie.*

b. EN → ....

c. AU → ....

d. DI → ....

e. TR → ....

f. PA → ....

11. 📼 Faites une croix sous les verbes que vous entendez.

A.	être	faire		B.	être	avoir	faire
a.	☐	☐		a.	☐	☐	☐
b.	☐	☐		b.	☐	☐	☐
c.	☐	☐		c.	☐	☐	☐
d.	☐	☐		d.	☐	☐	☐
e.	☐	☐		e.	☐	☐	☐
f.	☐	☐		f.	☐	☐	☐
				g.	☐	☐	☐
				h.	☐	☐	☐

12. 📼 Masculin ou féminin ? Faites une croix.

	M	F	?		M	F	?
a.	☐	☐	☐	e.	☐	☐	☐
b.	☐	☐	☐	f.	☐	☐	☐
c.	☐	☐	☐	g.	☐	☐	☐
d.	☐	☐	☐	h.	☐	☐	☐

13. 📼 Positif ou négatif ? Faites une croix.

	P	N		P	N
a.	☐	☐	e.	☐	☐
b.	☐	☐	f.	☐	☐
c.	☐	☐	g.	☐	☐
d.	☐	☐	h.	☐	☐

14. 📼 Qu'est-ce que vous entendez ? Faites une croix.

a. en euros. ☐
en Europe. ☐

e. On veut payer en dollars. ☐
On peut payer en dollars. ☐

b. je change. ☐
le change. ☐

f. Allô ? ☐
Alors ? ☐

c. C'est à l'étranger. ☐
C'est un étranger. ☐

g. Je ne sais pas ça, Monsieur. ☐
Je ne fais pas ça, Monsieur. ☐

d. Ça s'écrit avec deux « n ». ☐
Ça s'écrit avec deux « m ». ☐

h. C'est le travail. ☐
C'est elle, elle travaille. ☐

Âge, ami(e), an, avis (à votre), cours, droit, économie, élève, en (+ *discipline*), études, étudier, géographie, histoire, informatique, jazz, mathématiques, matière (*d'étude*), mauvais, (être) né(e), niveau(-eaux), noter, penser, physique (science), portable, poser (une question), problème, proposer, psychologie, salut, sciences, sérieux(-euse), tutoyer, vieux / vieille, vouvoyer, vraiment

*Copain / copine   *Tchao   *J'suis / t'es

• Est-ce qu'/ que... ?   • Nous = on   • Tu
• Moi, toi, lui, elle, nous, vous, eux, elles

1. Rencontre.

a) Complétez le dialogue :

– Bonjour, je .... Michel Bernier, et .... ?

– ...., je .... Françoise Dufour. Vous .... d'où ?

– Je viens de Berlin.

– Ah ? .... n' .... pas français, alors ?

– Si, mais j' .... à Berlin.

– Qu' ....-ce que vous .... à Berlin ?

– Je .... ingénieur dans une usine, et .... ?

– ...., je .... dans l'informatique.

b) Ils se disent « tu ». Récrivez le dialogue :

– Salut ! ....

– ....

– ....

– ....

– ....

– ....

– ....

– ....

2. Complétez les phrases.

a. – Tu ne t' .... pas Martine ?

  – Non, je ne .... pas Martine.

b. – Tu n' .... pas le téléphone ?

  – Non, je .... pas le téléphone.

c. – Tu ne .... pas bien, c'est ça ?

– Non, je .... pas bien.

d. – Tu ne .... pas chez Danone ?

– Non, je .... pas chez Danone.

e. – Tu n'............................ pas française ?

– Non, je .... pas française.

f. – Tu n'............................ pas le rock ?

– Non, je .... pas le rock.

3. Conjuguez les verbes.

a. *s'appeler* tu .... ; vous .... **f.** *partir* tu .... ; vous ....

b. *être* tu .... ; vous .... **g.** *pouvoir* tu .... ; vous ....

c. *venir* tu .... ; vous .... **h.** *avoir* tu .... ; vous ....

d. *connaître* tu .... ; vous .... **i.** *faire* tu .... ; vous ....

e. *aller* tu .... ; vous .... **j.** *lire* tu .... ; vous ....

4. Barrez les mots inutiles.

a. Ils sont font étudiants, mais si et ils habitent très bien à Paris.

b. Elle fait est étrangère, et mais elle parle beaucoup bien français.

c. S'il te plaît, vous tu peux répéter tutoyer lentement malheureusement.

d. Il y a c'est deux « Mme Dupont », dans enfin l'usine.

e. Vous avez faites des un portable, alors maintenant ?

5. Faites les accords.

a. Il est vieux ; elle .... **d.** Il est amusant ; elles ....

b. Elle est jeune ; il .... **e.** Il est heureux ; elles ....

c. Elle est sérieuse ; ils .... **f.** Il est désolé ; elles ....

6. Écrivez le contraire.

a. Il est vieux ./...................................... .

b. Elle est bonne en mathématiques. /...................................... .

c. Il y a un accent aigu. /...................................... .

d. C'est ennuyeux ./...................................... .

e. Avec une majuscule, s'il vous plaît ! /...................................... .

f. Elles sont très malheureuses./...................................... .

7. Faites correspondre les questions et les réponses.

a. – Vous travaillez au Danemark, je crois ?

b. – Quel âge a-t-il, à votre avis ?

c. – Bonjour, vous allez bien ?

d. – Est-ce que tu as des problèmes en physique ?

e. – Est-ce que vous avez un portable ?

f. – Vous faites des études de quoi ?

1. – Ça peut aller.

2. – De physique.

3. – Non, ça va, merci.

4. – Moi ? Pas du tout !

5. – Euh, je ne sais pas, moi… 45 ans, peut-être ?

6. – Non, je déteste ça.

8. Faites rimer les mots.

a. vraiment / ....

b. voyage / ....

c. quoi / ....

d. viens / ....

e. danser / ....

f. femme au foyer / ....

g. vouloir / ....

h. secrétaire / ....

9. Qui parle ?

a) Lisez ce texte et faites une croix :

« Je suis jeune : j'ai seize ans. Je suis élève dans un lycée. J'étudie les langues, les maths, la physique, l'informatique et le français. J'aime bien étudier. Pour moi, c'est amusant. Ma matière préférée, c'est les langues. »

Masculin ☐   **Féminin** ☐   **On ne sait pas** ☐

b) Remplacez je *par* vous *:*

....

....

....

10. Espaces, apostrophes, majuscules, accents, ponctuation ? Récrivez correctement ces phrases.

a. atonavisquestcequonfaitonsedittuoupas

→ ....

b. vouspouvezparlerlentementsilvousplaitjenecomprendspastresbien

→ ....

c. elleasoixantedixneufansmaiselleestbienpoursonage

→ ....

d. jenecomprendspaspourquoivousvoulezfaireuneenquetedanslusine

→ ....

11. Remettez tous ces mots dans le dialogue.

homme, va, étudiez, comment, travailler, suis, vos, travaille, faites, matières, et, étudier, travaillez, les, bien, l', vie

– Qu'est-ce que vous .... dans la .... ?

– Moi ? Je .... étudiant.

– Ah bon, vous ne .... pas ?

– ...., je ne .... pas ? ...., ce n'est pas ...., peut-être ?

– D'accord... Vous .... quelles .... ?

– .... mathématiques .... informatique.

– Et ça ...., ... études ?

– Très .... ; je suis un .... heureux !

12. Faites un petit dialogue. Utilisez ces mots (dans cet ordre).

connaître – étudiant – il y a – amusant – en quoi – je crois

– ....   – ....

– ....   – ....

13. ▭ Ils ont quel âge ? Écoutez et notez.

a. Quel âge est-ce qu'elle a, Bärbel ? ....

b. Le médecin a quel âge ? ....

c. Quel est l'âge de Bernard ? ....

14. ▭ Au téléphone. Écoutez et notez les deux numéros de téléphone cités dans chaque dialogue.

a. ....   **b.** ....   **c.** ....

15. ▭ Faites une croix si vous entendez les sons suivants.

	/ø/	/ə/	/ɛ/
a.	☐	☐	☐
b.	☐	☐	☐
c.	☐	☐	☐
d.	☐	☐	☐
e.	☐	☐	☐
f.	☐	☐	☐
g.	☐	☐	☐
h.	☐	☐	☐
i.	☐	☐	☐
j.	☐	☐	☐
k.	☐	☐	☐

16. ▭ Singulier ou pluriel ? Faites une croix.

	S	P
a.	☐	☐
b.	☐	☐
c.	☐	☐
d.	☐	☐
e.	☐	☐
f.	☐	☐
g.	☐	☐
h.	☐	☐

17. ▭ Négatif / positif ? Faites une croix.

	N	P
a.	☐	☐
b.	☐	☐
c.	☐	☐
d.	☐	☐
e.	☐	☐
f.	☐	☐
g.	☐	☐
h.	☐	☐

MAIS QU'EST-CE QU'ILS FONT ?

QUOI DE NEUF ?

Accepter, agenda, après, après-midi, art, attendre, aujourd'hui, avant, bus, commencer (à + *inf.*), se coucher, culture, (ça) dépend, dormir, durer, entre, fermé(e), finir (de + *inf.*), gare, heure, humour, jour, se lever, matin, (toi-) même, midi, minuit, minute, nuit, ouvert(e), pause, petit déjeuner, prendre, quart, question, répondre, semaine, sieste, soir, sortir, sûr(e), tard, tôt, vers, week-end.

Jours de la semaine : lundi, mardi, mercredi, jeudi, vendredi, samedi, dimanche.

• De... à....   • Combien de temps ? Quand ? Quelle heure est-il ? À quelle heure...?
• Pronoms compléments : l', le, la, les   • Démonstratifs : ce, cet   • Tous les jours

1. Complétez avec le bon verbe.

a. Les musées .... fermés le dimanche, en France ?

b. Vous .... votre petit déjeuner à quelle heure ?

c. Tu .... avec moi au cinéma ?

d. Ils .... leur journal tous les matins.

e. Vos cours .... combien de temps ?

f. Elle .... son travail à 19 heures.

g. Ils .... ici quel jour ?

2. Faites correspondre questions et réponses.

a. – Les restaurants sont ouverts jusqu'à minuit ?

b. – Quand est-ce que vous commencez le travail ?

c. – Dis, il est 7 heures : tu te lèves, d'accord ?

d. – Qu'est-ce que vous faites, dimanche ?

e. – À quelle heure vous vous couchez ?

f. – Vous ne travaillez pas le vendredi après-midi ?

g. – Je peux venir à quelle heure ?

1. – Oh, déjà ?

2. – Entre 16 et 17 heures.

3. – Tous les jours, à 8 heures du matin.

4. – Si, et le samedi matin aussi.

5. – Non, ils ferment à 11 heures du soir.

6. – Je ne sais pas vraiment.

7. – Pas avant minuit.

3. Remplissez la grille avec les sept jours de la semaine.

			S				
			E				
		M					
			A				
			I				
			N				
			E				

4. Écrivez l'heure « courante » correspondante.

a. 16:20 → *quatre heures vingt de l'après-midi.*

b. 14:35 → ....

c. 20:15 → ....

d. 00:20 → ....

e. 13:25 → ....

f. 19:35 → ....

g. 17:45 → ....

h. 23:10 → ....

i. 12:05 → ....

5. Où et à quelle heure ? Regardez le planisphère et répondez par écrit aux questions.

Quand il est midi à Paris, quelle heure est-il à...

New York → ....

Mexico → ....

Dakar → ....

Hong Kong → ....

Tokyo → ....

Sydney → ....

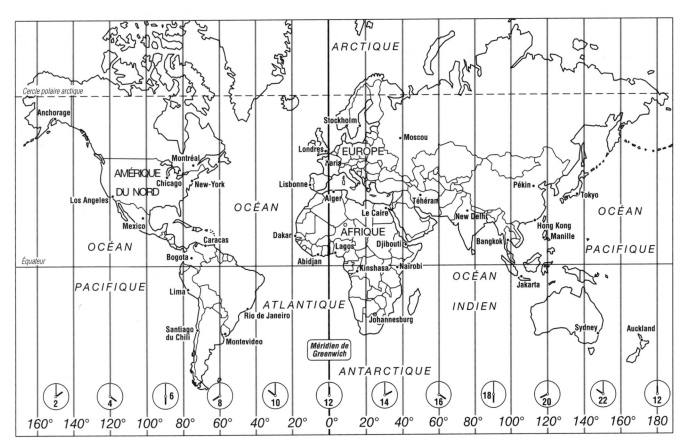

6. Complétez ce texte. Utilisez le, l', la ou les.

Il est 8 heures du matin. J'attends le bus : Je ...... attends comme ça du lundi jusqu'au samedi. Je ...... prends entre 8 heures et 8 heures et quart, ça dépend. J'ai mon journal avec moi, heureusement : je ...... lis tous les matins avant d'aller travailler. Ma journée, j'aime bien ...... commencer comme ça. Mes enfants ne lisent pas le journal ; ils préfèrent la télévision : ils ...... regardent du lundi au dimanche, l'après-midi et le soir. Mes enfants, je ...... connais bien, mais je ne ...... comprends pas.

7. Répondez «Non» et utilisez le, l', la ou les. Conjuguez les verbes.

a. Tu as ses coordonnées ?   → Non, je ne .... pas.

b. Vous connaissez son numéro de téléphone ?   → Non, je ne .... pas.

c. Vous attendez le bus ?   → Non, je ne .... pas.

d. Tu visites les musées aujourd'hui ?   → Non, je ne .... pas.

e. Vous lisez votre journal ?   → Non, je ne .... pas.

f. Vous faites l'indicatif ?   → Non, je ne .... pas.

8. Qui parle ?

a) Lisez ce texte et faites une croix :

J'adore les petits déjeuners. Avec moi, ils peuvent durer une heure… pas jusqu'à une heure de l'après-midi, bien sûr ! Oui, oui, en semaine, tous les matins, de 7 à 7 heures et demie ou de 7 à 8 heures, ça dépend… Après, je peux partir travailler, attendre le bus… Le dimanche, je prends mon petit déjeuner à 11 heures du matin et, oui, oui, jusqu'à une heure de l'après-midi, avant ma sieste. Je suis heureuse comme ça, moi.

Un homme ☐

Une femme ☐

On ne sait pas ☐

b) Remplacez «je» par «tu» :

....

....

....

....

....

....

....

9. Complétez et répondez (utilisez Ce, cet → le, l').

a. Vous venez .... soir ?   → Non, ... soir, je regarde la télé.

b. Vous travaillez .... matin ?   → Non, ... matin, je fais du sport.

c. Tu fais la sieste .... après-midi ?   → Non, ... après-midi, moi, je suis à l'usine.

d. Vous mangez au restaurant .... midi ?   → Non, désolé, ... midi, je mange chez moi.

e. Et .... dimanche, vous allez au cinéma ?   → Non, ... dimanche, je joue aux cartes.

10. Complétez les répliques du dialogue.

– Votre petit déjeuner, vous ..... prenez à quelle heure ?
– Vers vingt heures.
– Pardon ? Vous voulez dire huit heures ?

– Non, ma journée de travail, je ..... commence à neuf heures du soir.
– Et vos journées, vous ..... finissez quand ?

– Vers cinq heures du matin.
– Et votre vie vous plaît ?
– Oui, je ..... aime bien comme ça.

11. ▭ Notez les heures que vous entendez.

a. ....   e. ....

b. ....   f. ....

c. ....   g. ....

d. ....   h. ....

12. ▭ Singulier ou pluriel ? Faites une croix.

	S	P	?		S	P	?
a.	☐	☐	☐	f.	☐	☐	☐
b.	☐	☐	☐	g.	☐	☐	☐
c.	☐	☐	☐	h.	☐	☐	☐
d.	☐	☐	☐	i.	☐	☐	☐
e.	☐	☐	☐	j.	☐	☐	☐

13. ▭ Cet, C'est ou sept ?

	cet	c'est	sept		cet	c'est	sept
a.	☐	☐	☐	e.	☐	☐	☐
b.	☐	☐	☐	f.	☐	☐	☐
c.	☐	☐	☐	g.	☐	☐	☐
d.	☐	☐	☐				

14. ▭ Devinettes : c'est quoi ?

a. ....   d. ....

b. ....   e. ....

c. ....   f. ....

C'EST UN PETIT VILLAGE...

D'abord, avant-dernier(ère), avenue, bar, boulangerie, cabine téléphonique, café, carrefour, chercher, cinéma, (au) coin (de), continuer, (à) côté (de), demander (chemin, confirmation), (en) dernier, derrière, devant, (à) droite, école, église, ensuite, (en) face (de), feux, (à) gauche, grand(e), hôtel, jusqu'à, là-bas, loin, mairie, maison, passer, petit(e), pharmacie, place, pont, poste, près (de), remercier, suivre, sur, (bureau de) tabac, taxi, toujours, tourner, tout droit, traverser, village, voir

• N'est-ce pas?

• Pas d'/ de…. • Aller à l'/ au / aux / à la… • Venir de / du / des / de la…
• À côté de l'/ du / des… • Premier, deuxième (second) troisième, […] dernier
• Premièrement, deuxièmement…

1. Mots croisés. Complétez la grille.

	1	2	3	4	5	6	7	8
A								
B								
C								
D								
E								
F								
G								

Horizontalement :

A. Mais non, pas devant !
B. Mais non, pas « ou » !
C. Contraire d'« aller ». « de » + « le ».
D. Moi, j'ai et toi, tu ………. Contraire de « nord ».
E. Je viens ………. cinéma.
F. Pour aller chez moi, je ………………. la place.
G. Il habite ici : c'est ………. rue.

Verticalement :

1. Mais non, pas derrière !
2. Vous ………. d'ici ?
3. Je n'ai ………. de portable.
4. Contraire de « elle ». Elle ………. à la gare.
5. Il n'y a pas ………. taxi.
6. Tu ………. d'accord ? Je dois tourner au troisième feu à gauche ?
Vous êtes vraiment ………., Mademoiselle ?
7. C'est à droite ………. pont.
8. Quelles matières est-ce que vous ………………. ?

2. Le, l', la, les / du, de l', de la, des ? Complétez.

a. ………. bureau de tabac est à côté ………. boulangerie.

b. ………. cinéma est derrière ………. café.

c. Il y a une église au coin ………. place.

d. ………. pharmacie est en face ………. église.

e. ………. banque est loin ………. village.

f. ………. église est à droite, après ………. pont.

g. Il y a une cabine téléphonique près ………. bureau de tabac.

h. ………. poste est à droite ………. musée et à gauche ………. mairie.

i. ………. restaurant, lui, est près ………. pont.

j. Devant ………. usine, il y a ………. Café ………. Place.

3. C'est / il y a ? Le, l', la, les ? Un, une, des ? Complétez ce texte.

J'habite à Angoulème. En face de chez moi, ... banque : .... Banque de France. Derrière .... banque, ... place : .... Place de la Mairie. Au coin de la place, ... musée : .... Musée de la Bande Dessinée. Dans ma rue, ... restaurants, ... bureaux de tabac, ... pharmacie et aussi .... église : .... Église Notre-Dame. Vous voyez, je suis près de tout !

4. Du, de l', de la, des / au, à l', à la, aux ? Complétez.

a. Tous les matins, à 7 heures et demie, je vais .... école, près .... Mairie.

b. Elle vient .... cinéma, ... coin .... place.

c. Ils habitent loin .... ville, mais ils vont tous les jours .... boulangerie .... place.

d. Le dimanche, elles vont .... église Notre-Dame.

e. Quand il vient .... musée, il passe à côté .... hôtel.

f. Ils vont .... États-Unis tous les ans.

5. Quelle est la lettre de l'alphabet ? Écrivez-la.

a. la première, c'est ....

b. la dernière, c'est ....

c. la cinquième, c'est ....

d. la huitième, c'est ....

e. la onzième, c'est ....

f. la quinzième, c'est ....

g. la dix-neuvième, c'est ....

h. l'avant-dernière, c'est ....

6. Répondez « Non » et complétez.

a. Vous avez une secrétaire ? → Non, je .... secrétaire.

b. Ils ont un travail ? → ...., ... travail.

c. Le matin, vous prenez un bon petit déjeuner ? → ...., ... petit déjeuner.

d. Il y a une cabine téléphonique, ici ? → ...., ... cabine téléphonique, ici.

e. Dans votre village, il y a une église ? → ...., ... église.

f. Il y a une école près d'ici ? → ...., ... école, près d'ici.

g. Il y a une boulangerie ici ? → ...., ... boulangerie, ici.

h. Elle a des enfants ? → ...., ... enfants.

7. Reliez.

a.	En face de chez moi	**1.**	dans mon village.
b.	Je n'habite pas loin de	**2.**	allez tout droit.
c.	Il n'y a pas de banque	**3.**	d'ici.
d.	C'est la dernière rue	**4.**	pont, à gauche.
e.	Non, vous ne tournez pas à gauche, vous	**5.**	Pont.
f.	C'est tout près	**6.**	il y a une pharmacie.
g.	Vous voyez, c'est après le	**7.**	à droite.
h.	Je cherche la rue du	**8.**	la Mairie.

8. Vous notez ce que vous devez faire pour aller à la gare... ce n'est pas compliqué.

BANQUE   ÉCOLE

Rue de l'École

ÉGLISE   Pont Neuf   G A R E

Rue de Paris   Place de l'Église

Vous êtes ici ×   Rue Tournefort

1. *Tourner à droite.*

2. ....   **4.** ....

3. ....   **5.** ....

9. Écrivez un petit dialogue avec ces cinq expressions (dans cet ordre).

Il y a ....

ici ....

aussi ....

en face de ....

peut-être ....

10. Vous cherchez une pharmacie.

Écrivez de quatre manières différentes comment demander son chemin.

– ....

– ....

– ....

– ....

11. Complétez les phrases avec des mots interrogatifs ou des expressions interrogatives.

a. .... je fais ? Je tourne à droite ou à gauche ?

b. .... commencez-vous à travailler à la poste ?

c. Pour aller de la gare à l'usine, ... ça prend avec le bus ?

d. .... chemin je prends pour aller à la gare ?

e. .... est-ce qu'on va à la poste ?

f. .... est la banque, s'il vous plaît ?

g. .... vous savez où est le cinéma Rex ?

12. Singulier ou pluriel ?

	S	P	?			S	P	?			S	P	?			S	P	?
a.	☐	☐	☐		**c.**	☐	☐	☐		**e.**	☐	☐	☐		**g.**	☐	☐	☐
b.	☐	☐	☐		**d.**	☐	☐	☐		**f.**	☐	☐	☐		**h.**	☐	☐	☐

13. Écoutez et indiquez sur le plan où sont : la poste, la mairie, le musée, etc.

Vous êtes ici

14. Attention : c'est compliqué !

Écoutez et dessinez sur le plan comment le Professeur Duchmol va chez lui.

École

Mairie

Pont Neuf

Pont Saint-Louis

GARE

J'AI BESOIN
DE CHANGER D'AIR !

Acheter, air, année, après-demain, (faire)beau, (avoir) besoin (de), bientôt, calendrier, changer, chaud(e), date, degré, écrire, ensemble, formidable, froid(e), (le) futur, important(e), (avoir l') intention (de), long(ue), mois, neige, neiger, normal(e/aux), parce que, parents, pleuvoir, pluie, prochain(e), quand, se reposer, rester, saison, sans, soleil, temps (météo), terrible, tout à l'heure, vacances, vent.

Super!

Les mois de l'année : janvier, février, mars, avril, mai, juin, juillet, août, septembre, octobre, novembre, décembre
Les saisons : le printemps, l'été, l'automne, l'hiver.

- Le futur proche : aller + verbe à l'infinitif
- Les pronoms : en / y
- Les démonstratifs : ce, cette, ces
- En (janvier…, été…), au (printemps)
- Dans (une heure, un mois, un an…)
- De / du…à / au…

1. De… à… ou du… au… ? Complétez.

a. Je vais .... Lyon .... Paris.

b. Ton cours est .... quelle heure .... quelle heure ?

c. Je pars .... 7 .... 31 août.

d. Vous avez des vacances .... quand .... quand ?

e. Le soir, je lis .... 9 heures et demie .... 11 heures.

f. Elle ne fait rien .... matin .... soir.

g. Chez moi, en Norvège, l'hiver dure .... octobre .... avril.

h. Au Brésil, l'été dure .... mois de septembre .... mois de mars.

2. Trouvez la question.

a. – .... ?
– Si, j'ai froid.

b. – .... ?
– Si, j'ai besoin de vacances.

c. – .... ?
– Si, elle y va maintenant.

d. – .... ?
– Si, ils ont chaud.

e. – .... ?
– Si, il va se lever tôt.

f. – .... ?
– Si, je vais les prendre demain.

g. – .... ?
– Si, il fait soleil.

h. – .... ?
– Si, il y fait très froid.

i. – .... ?
– Si, c'est du 1er au 14.

3. Mots croisés. Complétez la grille.

	1	2	3	4	5	6	7	8
A								
B								
C								
D								
E								
F								
G								
H								

Horizontalement :
A. Contraire de « jour ». ...... dépend.
B. Pas ici. Contraire de « ou ».
C. Comment ça ...... ?. .... pour une enquête.
D. .... de vous connaître.
F. Bande dessinée. ...... vous ne travaillez pas, qu'est-ce que vous faites ?
G. Copenhague ? C'est ...... Danemark ! Non, je ne suis pas s......
H. A est avec B : ils sont ....

Verticalement :
1. Mois de l'année.
2. Douze mois.
3. Contraire de « elle ». Les vacances, moi, j'aime ...... Tu ...... quels cours cet après-midi ?
4. Contraire de « ton ». C'est la saison ...... j'aime.
5. Les vacances, j'ai besoin de ......
6. Je vais ...... Suède.
7. – Vous êtes Anne ? Moi, ... Paul. Égal à zéro.
8. Le bus, moi je n'aime pas l'......

4. Y ou en ? Complétez.

a. – Vous allez bientôt aux États-Unis, je crois ?
– Oui, j'...... ...... dans une semaine.

b. – Tu travailles à Paris ?
– Oui, j'...... ....

c. – Vous venez d'où ? Du Brésil ?
– Oui, j'...... ....
– Et il fait chaud, là-bas ?
– Oui, il .... très chaud.

d. – Vous sortez de l'usine à quelle heure ?
– Je n'...... .... pas avant 8 heures du soir.

e. – Tu vas à Marseille ce soir ?
– Non, j'...... .... maintenant !

f. – Vous êtes à Paris jusqu'à quand ?
– J'...... .... jusqu'à demain soir.

g. – Ah, bonjour, Durand. Vous allez à la gare ?
– Non, j'...... viens.

h. – Ah, vous êtes né à Athènes ?
– Oui, j'...... .... né en 1980.

i. – Vous étudiez quoi, dans votre université ?
– J'...... .... les mathématiques.

5. Ce, cet, cette, ces → le, l', les. Complétez.

a. – Vous travaillez .... après-midi ? – Non, ... après-midi, je me repose.

b. – On part .... nuit, ça va ? – Non, ... nuit, moi, je dors.

c. – Vous allez en vacances, ... hiver ? – Non, moi, ... hiver, je reste chez moi.

d. – Tu finis tes études .... année ? – Non, ... année prochaine.

e. – Ah, il est terrible, ... vent ! – Moi, je déteste .... vent !

f. – Alors, ... vacances ? – Je n'aime pas .... vacances, je préfère travailler.

6. Mettez au futur proche.

a. – Vous partez maintenant ? → – *Non, je vais partir dans dix minutes.*

b. – Il pleut, non ? → – Non, mais ....

c. – Il fait vraiment mauvais aujourd'hui ! → – Oui, mais .... demain.

d. – Vous allez à Paris ce matin ? → – Non, je .... après-midi.

e. – Vous vous couchez maintenant ? → – Non, ... dans une heure ou deux.

f. – Je tourne à droite, ici ? → – Non, ... au prochain carrefour.

g. – Vous avez besoin de moi maintenant ? → – Non, mais .... tout à l'heure.

h. – Qu'est-ce que vous faites ce week-end ? → – Je .... chez moi.

7. Trouvez des mots ou expressions équivalents.

a. à côté de → ....

b. Dans deux jours → ....

c. Dans peu de temps → ....

d. Quel jour ? → ....

e. Pardon → ....

f. devant → ....

g. beau → ....

h. profession → ....

8. Trouvez les contraires.

a. enchanté(e) → ....

b. avant → ....

c. derrière → ....

d. détester → ....

e. à gauche → ....

f. ennuyeux (se) → ....

g. fermé(e) → ....

h. finir → ....

i. froid → ....

j. été → ....

k. là → ....

l. soir → ....

m. mauvais → ....

n. midi → ....

o. plus → ....

9. Ça ne s'écrit pas toujours comme ça se prononce ! Complétez.

a. aussi → *oh, si !*

b. août → ....

c. mois → ....

d. mais → ....

e. an → ....

f. sur → ....

g. demi → ....

h. la → ....

i. sans →

j. non → ....

k. sa → ....

10. Une carte postale. Répondez à Julie.

....

....

....

....

....

....

....

Gand, le 24 février 2001

Bonjour !

Je m'appelle Julie Vlaeminck. Je suis belge, de Gand. Je parle flamand, bien sûr, français et un peu anglais. Je ne parle pas bien allemand, mais je comprends quand on parle lentement et quand je lis des journaux allemands. Et toi, tu parles quelles langues ? À Gand, c'est l'hiver : il neige et il y a du vent. Il fait très froid. Et chez toi, il fait quel temps ? Ta famille et toi, ça va ? Au revoir. J'attends quelque chose de toi : une carte ou un message. Je te fais la bise.

Julie

P.S. Mes coordonnées : Julie VLAEMINCK
31, Place du Marché, B-9000 GAND, Belgique
Julie.vlaeminck@cyberweb.be

....

....

....

11. ▭ **Le verbe est à l'infinitif ?**

	oui	non			oui	non
a.	☐	☐		e.	☐	☐
b.	☐	☐		f.	☐	☐
c.	☐	☐		g.	☐	☐
d.	☐	☐		h.	☐	☐

12. ▭ **C'est un verbe ou non ? Faites une croix.**

	oui	non			oui	non
a.	☐	☐		f.	☐	☐
b.	☐	☐		g.	☐	☐
c.	☐	☐		h.	☐	☐
d.	☐	☐		i.	☐	☐
e.	☐	☐		j.	☐	☐

13. ▭ **Faites une croix si vous entendez les sons suivants.**

	/ɛ̃/	/ɑ̃/	/õ/		/ɛ̃/	/ɑ̃/	/õ/
a.	☐	☐	☐	f.	☐	☐	☐
b.	☐	☐	☐	g.	☐	☐	☐
c.	☐	☐	☐	h.	☐	☐	☐
d.	☐	☐	☐	i.	☐	☐	☐
e.	☐	☐	☐	j.	☐	☐	☐

14. ▭ **Faites une croix si vous entendez.**

	c'est	cet	ces		c'est	cet	ces
a.	☐	☐	☐	f.	☐	☐	☐
b.	☐	☐	☐	g.	☐	☐	☐
c.	☐	☐	☐	h.	☐	☐	☐
d.	☐	☐	☐	i.	☐	☐	☐
e.	☐	☐	☐	j.	☐	☐	☐

15. ▭ **Écoutez l'enregistrement et complétez la carte.**

Lille
Rouen
Paris
Brest
Tours
Grenoble
Bordeaux
Toulouse
Marseille

ÇA VOUS DIRAIT DE VENIR AVEC NOUS ?

QUOI DE NEUF ?

Abonné (à), activité, assez, beau/belle, chaque, concert, content(e), dentiste, dommage, encore, en plus, entrée, faux/fausse, fête, gens, gentil(-lle), impossible, instrument (de musique), libre, magazine, marié(e), occupé(e), par, possible, presque, quelqu'un, quelque chose, quelquefois, questionnaire, rencontrer, rendez-vous, se retrouver, tout le monde

• Inviter, accepter, refuser (une invitation). *Ça vous dirait ? Volontiers, avec plaisir.*
• Avoir envie (de)...

• Moi.../ nous, nous aussi – Moi.../ nous non plus
• La négation : ne... personne / jamais / plus / rien ; négation + pronom (l'/ le / la / les ; y). Ne... que.
• Quelquefois, rarement, souvent ; tous les jours / chaque jour ; toutes les semaines / chaque semaine ; une fois par jour / semaine / mois / an ; tous les ans / chaque année

1. Complétez la grille.

1							S				2				

1. J'ai ...... envie de manger. 2. Je travaille en semaine, mais pas le .... 3. Dis, il va faire quel .... demain, à ton avis ? 4. L'hiver, c'est la mauvaise .... 5. Numéro de téléphone et adresse. 6. Mathématiques, chimie et physique, par exemple. 7. Je les prends en été. 8. Sept jours. 9. Pas souvent. 10. Je la fais l'après-midi. 11. Avec plaisir. 12. Profession. 13. Chez le médecin, par exemple. 14. Mois.

2. Faites correspondre.

a. Ce soir, nous vous

b. C'est impossible, je suis

c. Pas possible ! Vous ne lisez

d. Je n'ai pas du tout envie

e. Nous n'avons pas l'intention de

f. Je pourrais prendre rendez-vous

g. Oui, mais nous n'y allons que

h. Dans cette rue, nous connaissons

1. jamais le journal ?

2. d'y aller.

3. cet après-midi, vers quatre heures ?

4. sortir ce soir.

5. invitons.

6. occupé toute la journée.

7. tout le monde.

8. quelquefois.

3. Répondez « non » aux questions (utilisez *y, lui, elle, vous, elles, eux*).

a. Vous allez au café avec vos amis ? → *Non, je n'y vais pas avec eux/*
Non, nous n'y allons pas avec eux.

b. Vous venez avec nous à l'Opéra ? → ....

c. Vous allez voyager en Grèce avec vos amies ? → ....

d. À l'usine, vous travaillez avec ce monsieur ? → ....

e. Vous allez au cinéma avec vos enfants ? → ....

f. Vous allez faire vos études à l'université → ....
avec votre amie ?

g. Vous allez habiter à Bordeaux avec votre famille? → ....

h. Vous n'êtes pas à Monaco avec vos parents ? → ....

4. Répondez comme dans le modèle.

a. Je vais là-bas. → *Non, tu ne vas pas y aller.*
Je regarde la télé. → *Non, tu ne vas pas la regarder.*

b. Je prends ces livres. → ....

c. Je vais acheter cette B.D. → ....

d. Je vais à l'usine demain. → ....

e. Je vais habiter à Cannes. → ....

f. On accepte ces étudiants ? → ....

g. Je vais apprendre le chinois. → ....

h. Je vais attendre mes amis à la gare. → ....

5. Répondez comme dans le modèle.

a. Elle travaille ici ? → *Oui, elle y travaille encore.*
Non, elle n'y travaille plus.

b. Ils étudient à l'université ? → ....

c. Tu travailles encore à l'usine ? → ....

d. On danse à l'Opéra de Marseille ? → ....

e. Vous habitez à Paris ? → ....

f. Vous jouez tous au Théâtre de la Ville ? → ....

g. Tu vas au Cinéma Rex ? → ....

h. Vous et vos amis, vous venez à Megève en hiver ? → ....

6. Écrivez le contraire.

a. Je n'accepte rien de vous.   → *J'accepte tout de vous.*

b. Ils n'acceptent plus les drachmes. → ....

c. Je n'écoute jamais les informations. → ....

d. Elle n'aime personne. → ....

e. Personne n'aime les escargots. → ....

f. Tout le monde déteste les variétés. → ....

g. Il faut toujours lire les journaux. → ....

h. On ne doit jamais écouter les avis des gens. → ....

7. Imaginez des petits dialogues comme dans les modèles.

a. Avoir envie d'aller au cinéma :   – *J'ai envie d'aller au cinéma ; et toi ?*
                                              – *Moi aussi ; on va voir quoi ?*

   Ne pas aimer visiter les musées :   – *Il n'aime pas visiter les musées.*
                                              – *Moi non plus : c'est très ennuyeux.*

b. Refuser d'habiter dans un village :   – ....

                                              – ....

c. Ne pas avoir envie de se coucher :   – ....

                                              – ....

d. Détester les discothèques :   – ....

                                              – ....

e. Ne pas accepter un boulot :   – ....

                                              – ....

f. Ne pas parler très bien français :   – ....

                                              – ....

8. ▭ C'est un verbe ou non ? Faites une croix.

	oui	non		oui	non		oui	non
a.	☐	☐	**g.**	☐	☐	**m.**	☐	☐
b.	☐	☐	**h.**	☐	☐	**n.**	☐	☐
c.	☐	☐	**i.**	☐	☐	**o.**	☐	☐
d.	☐	☐	**j.**	☐	☐	**p.**	☐	☐
e.	☐	☐	**k.**	☐	☐	**q.**	☐	☐
f.	☐	☐	**l.**	☐	☐	**r.**	☐	☐

9. 📼 Écoutez et faites une croix.

	On déteste…	On aime un peu…	On aime beaucoup…
a.	☐	☐	☐
b.	☐	☐	☐
c.	☐	☐	☐
d.	☐	☐	☐
e.	☐	☐	☐
f.	☐	☐	☐

10. 📼 Singulier ou pluriel ?

	S	P	?
a.	☐	☐	☐
b.	☐	☐	☐
c.	☐	☐	☐
d.	☐	☐	☐
e.	☐	☐	☐
f.	☐	☐	☐
g.	☐	☐	☐
h.	☐	☐	☐
i.	☐	☐	☐
j.	☐	☐	☐

11. 📼 Le verbe est à la forme négative ?

	oui	non		oui	non		oui	non
a.	☐	☐	d.	☐	☐	g.	☐	☐
b.	☐	☐	e.	☐	☐	h.	☐	☐
c.	☐	☐	f.	☐	☐	i.	☐	☐

12. 📼 Invitation : « Ça vous dirait de venir dîner chez nous demain soir ? » Notez les réponses.

	Correcte et gentille	Correcte mais pas très gentille	Incorrecte mais assez gentille	Incorrecte et pas gentille
a.	☐	☐	☐	☐
b.	☐	☐	☐	☐
c.	☐	☐	☐	☐
d.	☐	☐	☐	☐
e.	☐	☐	☐	☐
f.	☐	☐	☐	☐
g.	☐	☐	☐	☐

unité 14 — TU AS VU LEUR PROGRAMME ?

QUOI DE NEUF ?

Arriver, avant-hier, baccalauréat, bicyclette, célibataire, choisir, conférence, courir, course, culturel, curriculum vitae, (l'an) dernier, départ, descendre, devenir, diplôme, entrer, équipe, extraordinaire, festival, gagner (un match), hier, horaire, (s') inscrire, interruption, (avoir) lieu, marche, marcher, monter, nouveau(-elle), orchestre, participer, patins à roulettes, pendant, plusieurs, populaire, programme, rentrer, retour, retourner, roller, spectateur(-trice), sportif(-ive), succès, tomber, université

• Le passé composé.
• «Il y a» : il y a un instant, une heure, trois jours, un mois, un an...

1. Écrivez le contraire comme dans le modèle

a. J'y suis allé(e) l'an dernier. → *Je vais y aller l'an prochain.*

b. J'ai déjà fait mon travail. → ....

c. Je vais rencontrer Nadia demain. → ....

d. Vous prenez souvent vos vacances en Espagne ? → ....

e. Vos amis ne sont pas encore venus ici. → ....

f. Vous allez rester chez vous le week-end prochain ? → ....

2. Continuez comme dans le modèle.

a. Je n'ai jamais visité ce musée, et *je ne vais pas le visiter maintenant.*

b. Je n'ai jamais pris ce bus, et ....

c. Je n'ai jamais regardé la télévision, et ....

d. Je n'ai jamais lu le journal, et ....

e. Je n'ai jamais appris le latin, et ....

f. Je ne suis jamais entré(e) dans une discothèque, et ....

3. Transformez comme dans le modèle.

a. Je ne vais pas finir ce travail dans trois jours. → *Je n'ai pas pu finir ce travail il y a trois jours.*

b. Mon équipe a gagné dimanche dernier. → *Mon équipe va gagner dimanche prochain.*

c. Il a écrit sa lettre avant-hier. → ....

d. Elles vont s'inscrire à l'université dans un mois. → ....

e. On y va ensemble la semaine prochaine? → ....

f. Je suis retourné aux États-Unis il y a deux ans. → ....

g. Je reviens dans un moment. → ....

h. Il va arriver après-demain. → ....

4. Répondez par oui et par non. Utilisez *le, l', la, les, y, moi, lui...*

a. Tu as vu ma B.D. ? → ....

b. Il n'est pas au théâtre ? → ....

c. Elle est partie avec son avocat ? → ....

d. Vous êtes déjà allé(e) à Madrid ? → ....

e. Elles sont restées à Paris le week-end dernier ? → ....

f. Tu vas bientôt choisir ton activité ? → ....

g. Vous n'êtes pas allé chercher les programmes ? → ....

h. Tu n'as pas encore visité l'exposition ? → ....

5. Présent ou passé composé ? Complétez avec le bon verbe
(utilisez : *arriver, aller, commencer, devenir, partir*).

a. Elles .... à travailler dans une semaine.

b. J'............................... à apprendre le français il y a un an.

c. Elle .... de l'usine il y a deux ans.

d. Il .... médecin en 1998.

e. Elles .... hier soir à la gare de Lyon.

f. Attendez-moi, j'............................... à la gare dans une heure.

g. Dis, on .... ensemble à l'exposition cet après-midi ?

h. Elle et moi, nous .... à la conférence hier après-midi.

6. Faites neuf phrases (A + B + C = une phrase).

A		B		C	
avoir	arriver	*informations*	bus	après le pont	à 8 heures
attendre	chercher	chez elle	à leurs amis	il y a deux jours	au carrefour
écrire	tourner	rendez-vous	coordonnées	*dans le journal*	à l'usine
lire	prendre	à droite	de travail	dans un agenda	ce matin
choisir	refuser	activités	20 ans	dans le programme	chez le médecin

a. *J'ai lu ces informations dans le journal.*

f. ....

b. ....

g. ....

c. ....

h. ....

d. ....

i. ....

e. ....

j. ....

14. TU AS VU LEUR PROGRAMME ?

7. L'agenda de Yasmina.

MAI		JUIN	
18	Départ de Marseille 08 h 00	1	Départ (Nantes → 6 h 45 !)
19	Visiter vieille ville / prendre photos	2	Visiter expo
20		3	
21	Écrire amis + famille	4	Écouter conférence : « L'Europe verte ».
22	Repartir de Marseille 10 h 45	5	Retour Paris (23 h 00 !!!)
23	→ Maison vers 15 h 30	6	
24		7	
25		8	Djamel + Nadia + Michel chez moi (vers 17 h 00)
26		9	Ciné avec Michel
27	Chez médecin 18 h 00	10	Premier cours de chinois ! (19 h 00)
28		11	
29	Rencontre avec Djamel et Michel	12	Dentiste (18 h 30)
30	Lire « Madame Bovary »	13	Restau avec Michel (20 h 30)
31	Acheter BD pour Thomas	14	

Continuez à raconter ce que Yasmina a fait avant le 14 juin... et encore avant, pendant les mois de juin et mai.

Aujourd'hui, c'est le 14 juin. Hier, Yasmina a mangé avec Michel au restaurant ....

....

....

....

....

....

....

8. Zora a écrit une carte postale. Mais il a plu : ses amis ont des problèmes pour la lire.
Récrivez cette carte postale.

Le 20 ao

Chers a

Oui, je s   à Nice. Je suis arr   hier
s   C'est form   .
Je pr   beau   de photos.
Je v   y re   deux ou trois   .
Apr je rep   pour Lyon et le trav   .
Le te   est extr   . Il f
beau et as   chaud pour la sa   .
Bises à vous deux

Zora

Mons   et Mad
Dominique Dupuis
8, Avenue du Pont
92 310 Sèvres

9. 🔊 Faites une croix si vous entendez.

a. Je vais bien ☐   e. Je dis oui ☐
   Je veux bien ☐   J'ai dit oui ☐

b. J'ai dix ans ☐   f. Je cours ☐
   J'ai dit cent ☐   J'ai cours ☐

c. C'est Marie ☐   g. J'ai eu des amis ☐
   C'est ma rue ☐   J'ai eu dix amis ☐

d. Je l'ai eu ☐   h. Tu attends ☐
   Je l'ai vu ☐   Tu as le temps ☐

10. 🔊 Faites une croix sous le verbe que vous entendez.

	Choisir	Entrer	Courir	Être	Apprendre	Faire	Venir	Connaître
a.	☐	☐	☐	☐	☐	☐	☐	☐
b.	☐	☐	☐	☐	☐	☐	☐	☐
c.	☐	☐	☐	☐	☐	☐	☐	☐
d.	☐	☐	☐	☐	☐	☐	☐	☐
e.	☐	☐	☐	☐	☐	☐	☐	☐
f.	☐	☐	☐	☐	☐	☐	☐	☐
g.	☐	☐	☐	☐	☐	☐	☐	☐
h.	☐	☐	☐	☐	☐	☐	☐	☐

11. 🔊 Écoutez et notez les dates historiques.

.... Conférence de Yalta

.... Napoléon à Sainte-Hélène

.... Première Guerre mondiale

.... Naissance de l'Union européenne

.... Révolution française

.... Deuxième Guerre mondiale

.... Le premier homme sur la Lune

12. 🔊 Écoutez et notez.

	est arrivé(e) il y a combien de temps ?	... est déjà venu(e) ?	... où ?	... repart quand ?
a. Rachid	....	....	....	....
b. Claire	....	....	....	....
c. David	....	....	....	....

C'EST COMME ÇA CHEZ VOUS ?

QUOI DE NEUF ?

Administratif(-ive), agréable, agricole, ancien(-nne), (au) bord (de), capitale, cathédrale, centre, collection, comparer, côte, dynamique, fleuve, habitant(e), historique, immeuble, industriel(-lle), joli(e), lac, magasin, magnifique, mal, mer, montagne, nombre, panorama, parc, peinture, peuplé, plaine, région, seul, siècle, (être) situé, sympathique, touristique, tranquille, triste, trouver, se trouver, vallée, vrai

*Un bled pourri, *un cinoche

• Les points cardinaux : nord, sud, est, ouest (voir Unité 0 du livre de l'élève)
• Les comparatifs : plus / moins / autant de...que ; plus / moins / autant / aussi...que ; meilleur / mieux...que
• L'accord des adjectifs
• L'approximation : presque, environ, à peu près, plus ou moins, la plupart des, c'est un peu comme...

1. Complétez la grille.

| | | | | | | N | | | | | |
|1| | | | | | | | | | |2|

(grille de mots croisés)

3 ... N ... 4
5 ... N ... 6
7 ... N ... 8
9 ... N ... 10
11 ... N ... 12
13 ... N ... 14

1. On la refuse ou on l'accepte.
2. Pour compter.
3. Je peux vous poser une ... ?
4. Écrire pour ne pas oublier.
5. C'est un autre jour.
6. Contraire de jour.
7. C'est chez moi.
8. Quelqu'un a téléphoné : vous pouvez rappeler à ce ... ?
9. D'abord, ensuite, ...
10. – Il fait froid. – Bien sûr, il va ....
11. Habite en Europe.
12. Il donne des cours de mathématiques pour tous .....
13. Cette année, non ; mais l'an ..., oui !
14. Moins 15 °C en janvier, en Norvège, c'est ....

2. Complétez le tableau des verbes.

	....	**savoir**	....	....	....	....
J'/Je	ai	....	....	....	....	....
Tu	....	....	es	....	....	....
Il/elle/on	....	....	....	voit	....	....
Nous	....	....	....	....	....	....
Vous	....	....	....	....	choisissez	....
Ils/elles	....	....	....	....	....	connaissent

3. Complétez les mots.

a. Mes amis ont acheté une maison anc.............. Elle est be.............. et très gra...............

b. Je voudrais bien habiter dans un pet.............. immeuble sit.............. au centre-ville.

c. C'est une région dyn...................., très peup.............., mais malheureusement très indus...............

d. Ce........ magnifique cathédrale gothique est sit.............. au bord du fleuve.

e. Vous connaissez Chambord, ce......... extra.................... château du XVIᵉ siècle, dans ce.......... agré.............. région franç.............., la Touraine ?

f. Ce sont des actrices brés...........................

g. Les gens ne sont souvent sport.............. que devant leur télévision.

4. *Meilleur, plus, moins* ? *De, du* ou *que* ? Complétez.

a. L'Hôtel du Nord est .... l'Hôtel de la Gare. Il est un peu .... bien situé, mais il est .... agréable .... l'Hôtel de la Gare.

b. Ma nouvelle maison est .... petite .... l'ancienne, mais elle est située .... près .... centre et ça, c'est beaucoup .... intéressant pour moi.

c. Ma ville est peut-être .... grande .... la ville où habitent mes amis, mais chez moi, il y a .... usines et .... parcs : c'est beaucoup .... agréable.

d. Nos amis habitent une petite ville au bord de la mer : c'est bien sûr .... sympathique et .... touristique .... chez nous et le temps y est .... en été ; mais l'hiver, il pleut là-bas beaucoup .... chez nous et il y a aussi .... vent.

5. Faites correspondre.

a. Vous avez quelque chose de plus grand ?

b. Rennes a presque autant

c. L'hiver, il fait meilleur

d. L'été, il fait plus chaud à Grenoble

e. Il n'y a rien de plus beau que

f. Plus touristique que la Côte d'Azur en été,

g. Paris a moins de parcs

h. La tour Eiffel a plus de cinq siècles de

1. à Cannes qu'à Marseille.

2. les Alpes en hiver.

3. que Londres.

4. vous ne trouverez pas.

5. Non, désolé.

6. moins que la cathédrale Notre-Dame.

7. d'habitants que Bordeaux.

8. qu'à Lyon.

6. Quel est le substantif ?

a. inviter → *l'invitation, une invitation*

b. courir → ....

c. retourner → ....

d. étudier → ....

e. partir → ....

f. travailler → ....

g. voyager → ....

h. habiter → ....

7. Trouvez des mots ou expressions équivalents.

a. on → ....

b. se trouver → ....

c. revenir → ....

d. il y a cent ans → ....

e. moins au sud → ....

f. presque tout le monde → ....

g. deux fois moins d'habitants → ....

h. environ → ....

8. Trouvez les contraires.

a. la plupart des / ....

b. est / ....

c. montagne / ....

d. ancien (ne) / ....

e. meilleur / ....

f. trouver / ....

g. personne / ....

h. quelque chose / ....

9. Homonymes : deux sens pour un seul mot. Faites des phrases.

a. est : *Elle **est** vraiment sympathique.*

est : *Grenoble se trouve à l'**est** de Lyon.*

b. plus : ....

plus : ....

c. il y a : ....

il y a : ....

d. en : ....

en : ....

e. temps : ....

temps : ....

f. trouver : ....

trouver : ....

g. dans : ....

dans : ....

h. ou : ....

où : ....

10. Complétez la publicité pour cette ville. Mettez les possessifs.

TOURISTES...

VISITEZ SAINT-MARTIN-SUR-LIE !

.... église du XIe siècle

.... cathédrale gothique du XIVe siècle

.... musées historique et de peintures anciennes

.... parc à la française

.... château du XIIIe siècle

11. Chassez l'intrus. Barrez le mot qui ne va pas avec les autres.

a. août – mars – mais – juin – avril.

b. à gauche – au coin – à droite – au revoir – tout droit – derrière.

c. à peu près – environ – presque – plusieurs – plus ou moins – assez.

d. fleuve – montagne – mer – plaine – pluie – vallée.

12. Barrez les mots inutiles.

a. Le Rhône est aussi un fleuve plus long autant que la Seine.

b. À Marseille en décembre, le temps environ est aussi meilleur qu'à de Lyon.

c. Pendant devant les vacances, il y a deux fois plus la plupart des d' habitants au bord de dans ce village.

d. Cette magnifique région est très à peu près connue alors pour ses assez châteaux des xve et xvie siècles.

13. 🔊 Négation ou pas ? Faites une croix.

	oui	non		oui	non
a.	☐	☐	**f.**	☐	☐
b.	☐	☐	**g.**	☐	☐
c.	☐	☐	**h.**	☐	☐
d.	☐	☐	**i.**	☐	☐
e.	☐	☐	**j.**	☐	☐

14. 🔊 Écoutez et complétez ce texte.

Je suis .... de Paris il y a trois jours. Je me .... à Annecy. C'est une .... petite ville .... les Alpes. Enfin, elle n'est pas .... plus petite que Poitiers, par exemple : elle a .... habitants ! Elle est .... française en 1860. On y trouve une .... du xve .... , une .... du ...., un .... des ...., ... et .... siècles et deux .... Il y a aussi .... usines, mais Annecy, pour .... gens, est un centre .... , été .... hiver. .... de la ville est .... le .... d'Annecy, ... grand, mais pas .... grand .... le lac de Genève.

15. 🔊 Écoutez et écrivez en chiffres le nombre d'habitants :

a. au Danemark ....

b. en Suède ....

c. en France ....

d. en Espagne ....

ON Y VA COMMENT À BARBIZON ?

• (Y) aller [partir], d'après, autoroute, avion, bateau(-eaux), carte, chambre, châ-teau(-eaux), chemin, cher (chère), cheval (chevaux), complet (complète), conseil, conseiller, court(e), coûter, curieux(-ieuse), devoir, direction, distance, donc, donner, expliquer, favorable, forêt, guide, kilomètre, métro, moto, passer (vacances), peintre, à pied, rapidement, réserver, route, suivre (comprendre), surpris(e), touriste, train, vélo, voisin(e)

• Pas possible !/Incroyable ! *Ça me botte ! *Ça, par exemple ! Ça veut dire...

• L'impératif (+ négation et complément)   • Le superlatif
• Il faut..., il vaut mieux...   • Si (condition)

1. Mettez les verbes au présent, au futur proche et au passé composé avec *nous*.

a. sortir   *Nous* ....

b. partir   ....

c. écrire   ....

d. avoir   ....

e. devoir   ....

f. dire   ....

g. lire   ....

2. Transformez comme dans le modèle.

a. Il faut venir ! → *Viens ! Venez !*

b. Il faut vous lever ! → *Lève-toi ! Levez-vous !*

c. Il faut sortir ! → ....

d. Il ne faut pas accepter ça ! → ....

e. Il faut vous coucher ! → ....

f. Il faut prendre le bus ! → ....

g. Il faut finir le travail ! → ....

h. Il faut se reposer le dimanche ! → ....

i. Il faut connaître les langues étrangères ! → ....

3. *Il, ce, c', ça* ? Retrouvez le sujet du verbe.

a. .... ne va pas être simple.

b. .... est bien dommage !

c. .... est faux.

d. .... faut ça.

e. .... n'a pas plu aujourd'hui.

f. .... n'y a rien à voir ici.

g. .... n'est pas vrai.

h. .... fait un temps magnifique !

4. Mettez les phrases à l'impératif :

a. Il faut faire ça aujourd'hui ! → ....

b. Il faut partir maintenant ! → ....

c. Il ne faut pas être surpris ! → ....

d. Vous ne devez pas dire ça ! → ....

e. Il ne faut pas y aller ! → ....

5. Comparatif ou superlatif ? Complétez les phrases.

a. Il faut .... temps en voiture .... en train pour aller de Bordeaux à Paris.

b. Mai est le mois .... favorable pour visiter la Grèce.

c. Il y a .... habitants au Portugal .... en Belgique [P = B].

d. C'est la ville .... peuplée de toutes.

e. Vous pouvez chercher : il n'y a pas de .... hôtel dans toute la ville.

f. C'est le fleuve .... long.

g. C'est le .... guide que j'aie trouvé.

h. Novembre est le mois .... agréable à la montagne.

6. Transformez avec le superlatif comme dans le modèle.

a. En France, la Loire est plus longue que les autres fleuves. → *C'est le fleuve le plus long de France.*

b. Il n'y a pas de mots plus courts en français que « à » et « y ».

→ Ce sont ....

c. Il n'y a pas de mot français plus long que « anticonstitutionnellement ».

→ C'est ....

d. La Bible et le Coran sont plus connus que les autres livres.

→ Ce sont ....

e. La Chine est plus peuplée que les autres pays.

→ C'est ....

7. Complétez avec le verbe qui convient.

a. Si vous .... vous reposer, ... à la montagne en septembre.

b. Si vous .... en France, ... chez moi.

c. S'il pleut, ne .... pas.

d. Si c'est possible pour vous, ... la ville à pied.

e. Si vous .... le train ou l'avion, vous .... réserver.

f. Si vous .... le sport, ... du vélo.

g. Si vous .... les voyages, ... chez nous !

h. Si vous voulez tout .... sur la région, ... un guide.

8. Récrivez chaque phrase en utilisant une expression équivalente.

a. Il faut à peu près dix minutes à pied. → ....

b. Je vous conseille de visiter la Corse en mai. → ....

c. Il faut voir le soleil de minuit en Norvège. → ....

d. Il n'y a pas autant de touristes cette année que l'année dernière.

→ ....

e. Tout est complet ? Ce n'est pas possible ! → ....

f. Vous savez comment on va à Étampes ? → ....

g. C'est tout près. → ....

h. Tout est complet, désolé. → ....

9. Faites correspondre.

a. la voiture	**1.** de la région.
b. l'invitation	**2.** son chemin.
c. prendre	**3.** partir maintenant.
d. demander	**4.** la meilleure chambre.
e. réserver	**5.** au restaurant.
f. la carte	**6.** de 10 minutes d'ici.
g. Il vaut mieux	**7.** du voisin.
h. Ce n'est pas à plus	**8.** l'autoroute du Sud.

10. « Il est intéressé... elle, pas du tout ! » Continuez comme dans le modèle.

– « Ne l'achète pas, voyons ! »

– Écouter (ce monsieur)

→ ....

– Lire (sa publicité)

→ ....

– Suivre (ses conseils)

→ ....

– Prendre (la plus grande)

→ ....

– Être (trop gentil)

→ ....

11. 🔊 **La réponse est correcte ?**

	OUI	NON			OUI	NON
a. On y va ensemble ?	☐	☐	**e.** Comment on fait pour aller au château ?	☐	☐
b. Je viens vous chercher ce soir ?	☐	☐	**f.** Vous voulez partir dans combien de temps ?	☐	☐
c. Comment allez-vous, cher ami ?	☐	☐	**g.** Je vais vous expliquer la route à prendre.	☐	☐
d. On se retrouve à votre hôtel ?	☐	☐	**h.** La distance n'est pas grande : je vais avec vous.	☐	☐

12. 🔊 **Singulier ou pluriel ?**

	S	P	?		S	P	?
a.	☐	☐	☐	**e.**	☐	☐	☐
b.	☐	☐	☐	**f.**	☐	☐	☐
c.	☐	☐	☐	**g.**	☐	☐	☐
d.	☐	☐	☐	**h.**	☐	☐	☐

13. 🔊 **Vrai ou faux ?**

	VRAI	FAUX
a. L'hôtel est ouvert en septembre.	☐	☐
b. Elle reste trois jours à Paris.	☐	☐
c. L'exposition dure une semaine.	☐	☐
d. Le meilleur mois pour la montagne, c'est janvier.	☐	☐
e. Elle travaille toute la journée.	☐	☐
f. Elle va au travail tous les jours en métro.	☐	☐
g. Elle est surprise.	☐	☐
h. Elle a pu réserver une chambre.	☐	☐

14. 🔊 **C'est loin d'ici ? Notez la distance en kilomètres et en temps et le moyen de locomotion.**

	Km	Temps	en… / à…
a.	....	....	....
b.	....	....	....
c.	....	....	....
d.	....	....	....

QUOI DE NEUF ?

• (Se) baigner, brouillard, campagne, canard, carte postale, catastrophe, chaleur, champignon, chien, ciel, complet (complète), conséquence, couvert, (en) dessous (de), fou (folle), humide, longtemps, même, météo, nuageux(-euse), orage, paradis, plage, projet, promenade, ramasser, réfléchir, sec (sèche), ski, température, thermomètre

• *Les couleurs :* blanc(-che), bleu(e), gris(e), jaune, noir(e), orange, rouge, vert(e), violet(-tte)

*Chic !

• Drôle de...   • Vous y croyez ?   • En effet

• Le futur simple   • L'imparfait   • Quel(le) ! ; Quels / quelles !

---

1. Complétez le tableau des verbes.

	réfléchir	....	....	....	....	....
J'/Je	....	....	....	....	paierai	....
Tu	....	....	....	....	....	auras
Il / elle / on	....	....	....	....	....	....
Nous	....	verrons	....	....	....	....
Vous	....	....	....	irez	....	....
Ils / elles	....	....	seront	....	....	....

---

2. Le temps qu'il fait... Complétez ces deux dialogues.

a.   – Ah, ça va .... !

– Pourquoi ?

– Demain, c'est l'été, la saison que j'aime .... C'est la .... saison .... l'année,

pour moi : je .... la chaleur. Je .... l'hiver.

– Ah, vous, alors, vous n'êtes pas .... tout le monde !

b.   – Je n'ai jamais vu .... d'orages .... cet été !

– C'est normal, août est le .... où il y a .... d'orages !

– Oui, mais il y a quand même .... d'orages .... l'année dernière.

– Peut-être. Mais moi, je les déteste : l'été est la .... que j'aime le .... Voilà.

3. Écrivez un nouveau mot comme dans le modèle (attention à l'orthographe!).

a. ÉCOUTER – E = *coûter*

b. PASSER – S = ...

c. TOURNE – U = ...

d. COUTER – C = ...

e. TEMPS – M = ...

f. RETOUR – R = ...

g. VALLÉE – L = ...

h. COMPLET – L = ...

i. RUSSE – S = ...

j. CHEMIN – M = ...

4. Trouvez le maximum de mots dans cette grille.

A	O	M	O	N	S	T	A	V	I	S
T	I	B	L	A	N	C	E	S	E	C
E	P	L	A	G	E	N	T	S	I	N
C	I	E	L	E	N	V	E	R	T	Z
U	N	O	I	R	A	T	G	R	I	S
Y	S	P	R	O	J	E	T	E	A	N
A	C	H	A	L	E	U	R	X	E	T
B	A	B	L	E	U	X	P	L	U	S
E	B	L	A	N	C	H	E	Z	O	U
J	A	U	N	E	T	F	E	U	X	E

à ← → mon ← → avis

....

....

....

....

....

....

....

....

....

5. Chassez l'intrus. Barrez le mot qui ne va pas avec les autres.

a. ingénieur – médecin – agriculteur – couleur – acteur – journaliste

b. oui – non – si – d'accord – même – pas du tout – peut-être

c. malheureusement – lentement – content – passionnément – premièrement - rarement

d. voir – avoir – noir – vouloir – pouvoir - devoir

6. Homonymes. Deux sens pour un seul mot. Faites des phrases.

a. Si : ....

Si : ....

b. Quelle : ....

Quelle : ....

c. Après : ....

Après : ....

d. Plaire : ....

Plaire : ....

7. Du futur proche au futur simple. Transformez les phrases comme dans le modèle.

a. Je vais faire ça demain.   → *Je ferai ça demain.*

b. Tu vas t'inscrire à l'université l'année prochaine. → ....

c. Nous allons voir nos parents cet été. → ....

d. Elle va choisir son programme. → ....

e. Vous allez réfléchir au problème, n'est-ce pas ? → ....

f. Cet automne, il va ramasser des champignons. → ....

g. Ils vont répondre à vos questions. → ....

h. Vous allez savoir ça bientôt. → ....

i. Ça va être une catastrophe ! → ....

j. On va vous payer demain. → ....

8. Reliez le verbe à son complément et écrivez la phrase à l'imparfait.

a. Réfléchir   **1.** une longue promenade   → ....

b. Partir   **2.** beaucoup d'amis   → ....

c. Faire   **3.** de travailler   → ....

d. Revenir   **4.** à la question   → ....

e. Avoir   **5.** en vacances   → ....

f. Finir   **6.** les journaux   → *Avant, je lisais tous les journaux !*

g. Lire   **7.** à la maison   → ....

9. Mettez la bonne question avec la bonne réponse.

a. Elle faisait des promenades tous les jours ?   **1.** Non, c'est le contraire !

b. Le temps restera couvert ?   **2.** Ça sera une catastrophe !

c. Vous préfériez la campagne à la mer ?   **3.** Pas avant deux ans.

d. Avant d'être actrice, qu'est-ce que vous faisiez ? **4.** Merci bien ! Je ne pense qu'à ça, vous savez.

e. Et s'il ne pleut pas cet hiver ?   **5.** Ah, non ! Pas aussi souvent que ça !

f. Quand achèterez-vous votre prochaine voiture ?   **6.** Oh, moi, je n'aime que les voitures blanches.

g. Quelle couleur allez-vous choisir ?   **7.** Moi ? J'étais étudiante à Paris.

h. Vous n'oublierez pas de payer l'hôtel ?   **8.** Oui, pendant tout le week-end.

10. Ça ne s'écrit pas toujours comme ça se prononce ! Continuez.

a. Cours / *court* .... **e.** Avion / ....

b. Vert / .... **f.** C'est / ....

c. Entrer / .... **g.** Eux / ....

d. Faites / .... **h.** Jean / ....

11. 📼 **Faites une croix si vous entendez.**

a. Je saurai ☐   **e.** Ils avaient ☐
    Je serai ☐   Ils savaient ☐

b. Vous avez ☐   **f.** J'ai le même temps ☐
    Vous aviez ☐   J'aime le temps ☐

c. Il va neiger ☐   **g.** Elle a fait ☐
    Il a neigé ☐   Elle avait ☐

d. Il est jaune ☐   **h.** C'est ouvert ☐
    Il est jeune ☐   C'est couvert ☐

12. 📼 **Devinettes. Qu'est-ce que c'est (un seul mot)?**

a. ....

b. ....

c. ....

d. ....

e. ....

13. 📼 **Négation ou pas?**

	OUI	NON			OUI	NON
a.	☐	☐		**e.**	☐	☐
b.	☐	☐		**f.**	☐	☐
c.	☐	☐		**g.**	☐	☐
d.	☐	☐		**h.**	☐	☐

14. 📼 **Positif ou négatif?**

	P	N			P	N
a.	☐	☐		**e.**	☐	☐
b.	☐	☐		**f.**	☐	☐
c.	☐	☐		**g.**	☐	☐
d.	☐	☐		**h.**	☐	☐

VOUS AVEZ GOÛTÉ
NOS SPÉCIALITÉS ?

QUOI DE NEUF ?

Absolument, aliment, apporter, beurre, bière, boire, bouteille, café, calorie, chocolat, confiture, croire, déjeuner, dîner, eau(eaux) (minérale), effort, exactement, exquis, faim, fromage, fruit, goûter, gramme, hésiter, idée, insister, jambon, kilo(gramme), lait, léger, litre, menu, (en) moyenne, œuf, pain, pâtes, plutôt, poisson, pomme (de terre), recommander, repas, reprendre, salade, sandwich, santé, soif, spécialité, suivre (un avis, un conseil), tarte, thé, verre, viande, vin, yaourt /yogourt

*J'en ai assez !   *C'est pas de la tarte !   *Raconter des salades*

• Articles partitifs : du, de l', de la, des + pronom «en»
• Quantité : combien de... ?, pas de..., peu de..., un peu de..., beaucoup de..., plus / moins de... ; un kilo / un gramme / un litre de... / une bouteille de... ; trop, assez, pas assez de...

1. Écrivez la conversation de M. et Mme Martin.

J'achète du lait ? – Oui, achète six litres de lait.

....

....

....

....

....

....

....

....

....

....

Demain matin

Acheter

✓ *lait (6 l)*
✓ *eau min (12 bts)*
✓ *jambon (500 gr)*
✓ *café (1kg)*
✓ *beurre (250 gr)*
✓ *fruits saison (2 kg)*
✓ *vin rouge (4 bts)*
✓ *viande (750 gr)*
✓ *chocolat noir (3 x 125 gr)*
✓ *pommes de t (3 kg)*
✓ *salades v (3)*

2. Complétez les phrases avec du, de la, de l', des / le, la, les... et conjuguez les verbes.

a. Je .... *(boire)* souvent .... eau, mais je .... *(préférer)* .... vin.

b. Ils .... *(manger)* rarement .... viande parce qu'ils .... *(adorer)* .... poisson.

c. Nous .... *(acheter)* quelquefois .... chocolat, mais les enfants .... *(préférer)* .... confiture.

d. – Vous .... *(prendre)* toujours .... fromage au déjeuner ? – Maintenant, oui ; mais avant, ma femme .... *(préférer)* .... fruits.

e. – Les Français .... *(boire)* seulement .... vin pendant les repas au restaurant ? – Mais non, la plupart .... *(choisir)* .... eau minérale.

f. – Vous .... *(vouloir)* .... lait et .... café ? – Non, merci, je n'aime que .... thé.

g. – Avant, mes parents .... *(prendre)* .... fruits au petit déjeuner ; maintenant, ils ....

(préférer) .... yaourts.

h. – Est-ce que vous .... *(avoir)* .... bière ? – Pourquoi ? Vous n'aimez pas .... thé de Chine ?

i. – Tiens ? Tu .... *(boire)* .... thé, maintenant ? – Tu es surprise ? Moi, je .... *(détester)*

.... café, le matin.

3. Chassez l'intrus (barrez le ou les mot(s) qui ne va / vont pas avec les autres).

a. apporter – hésiter – accepter – léger – insister – goûter – coûter.

b. *(À la boulangerie, on trouve :)* du pain – de la confiture – des tartes – de l'eau – des sandwichs

c. absolument – exactement – aliment – lentement – seulement – rarement – instrument.

d. maintenant – toujours – souvent – plutôt – jamais – quelquefois – rarement.

4. Mots croisés. Complétez la grille.

	1	2	3	4	5	6	7	8	9
A									
B									
C									
D									
E									
F									
G									
H									
I									
J									

Horizontalement : A. Elles apportent seulement 70 calories. **B.** – ...... ? Il n'aime pas le lait. Je n'… pas faim. **C.** On en mange à tous les repas, en France. **D.** Contraire de «humide». Du lait ? Il n'… boit jamais. J'aime cette région, mais je n'aime pas … spécialité : les escargots ! **E.** Elle n'a pas seulement … spécialité, elle en a plusieurs ! Pronom personnel. **F.** On en prend pour faire du fromage. **G.** Pas beaucoup. **H.** On le fait avec du lait. **I.** On n'a pas … *(pouvoir)* y aller. **J.** Ce n'est pas moi, c'est … . On en boit beaucoup dans le Nord et l'Est de la France.

Verticalement : 1. Je ne vais pas à Rome : j'… viens. Je n'ai pas … *(savoir)* ça. Pronom personnel. **2.** Synonyme de «tu crois». **3.** Il y a une boulangerie sur la … devant la Mairie. Lettre grecque. **4.** Je ne dis pas non. J'ai … *(boire)* beaucoup de lait, c'est pourquoi je suis grand ! **5.** De l'eau dans une bouteille. **7.** On en a besoin pour faire du thé. C'est bon pour finir un bon repas. **8.** … tu es très gentil, tu auras du chocolat. Mais non ! Mais … ! **9.** Elle est très souvent verte.

5. Répondez aux questions. Utilisez en.

a. Tu as du vin chez toi ? – Oui, j'en ai. / Non, ...

b. Vous voulez du fromage ? – .... / ....

c. Vous prenez du café ? – .... / ....

d. Ils mangent de la viande ? – .... / ....

e. Tu as du travail ? – .... / ....

f. Vous avez des dictionnaires ? – .... / ....

g. Vous cherchez des champignons ? – .... / ....

6. Quelle est la question ? Utilisez du, de l', de la, des.

a. – *Vous apporterez du vin ?*

– Oui, j'en apporterai plusieurs bouteilles : c'est la fête, non ?

b. .... ?

– Non, désolé, je n'ai plus de monnaie grecque.

c. .... ?

– Non, malheureusement il n'y a pas de feux au carrefour de la Poste.

d. .... ?

– Des calories dans la salade verte ? Oh, non, 15 seulement !

e. .... ?

– Oui, j'ai un peu de temps libre cet après-midi.

f. .... ?

– Si ! Absolument ! Et ils en boivent 94 litres par an, en moyenne !

g. .... ?

– Oh, avec ce mauvais temps, on attend très peu de touristes cette année.

7. Quelle quantité ? Faites une croix dans la ou les bonne(s) case(s).

	1) Peu de… ?	2) Un peu de… ?	3) Beaucoup de… ?	4) 5, 10, 15…
a. Il a de la monnaie grecque.	☒	☒	☒	☐
b. J'ai du temps libre.	☐	☐	☐	☐
c. J'ai des livres à lire.	☐	☐	☐	☐
d. Il y a des gens au festival.	☐	☐	☐	☐
e. On a du travail à faire.	☐	☐	☐	☐
f. Il faut manger du poisson.	☐	☐	☐	☐
g. Nous avons des renseignements.	☐	☐	☐	☐

8. Répondez « non » aux questions. Utilisez en.

a. Vous avez envie de vacances ? → Non, ...

b. Vous avez pris de la tarte ? → ....

c. Tu as apporté des fruits ? → ....

d. Elle mangera des champignons au dîner ? → ....

e. Tu buvais du vin, avant ? → ....

9. Répondez par « oui » et par « non » comme dans le modèle.

a. Vous avez beaucoup de travail ? → *Oui, j'en ai trop / Non, je n'en ai pas assez.*

b. Vous réfléchissez beaucoup ? → .... / ....

c. Vous avez accepté beaucoup d'invitations ? → .... / ....

d. Il y avait beaucoup de gens là-bas ? → .... / ....

e. Votre amie est très gentille ? → .... / ....

f. Vous prenez du poisson tous les soirs ? → .... / ....

10. Ça ne s'écrit pas toujours comme ça se prononce ! Continuez.

a. plutôt / *plus tôt* ....

b. verre / ....

c. peu / ....

d. thé / ....

e. santé / ....

f. vin / ....

11. Rédigez des banderoles comme dans le modèle.

a. À l'université, on n'est pas content ! (étudiants / professeurs)

→ Trop d'étudiants ! Pas assez de professeurs !

b. Saison touristique pourrie ! (soleil + chaleur / pluie) → ....

c. Les Français mangent mal ! (viande / œufs) → ....

d. La plupart des femmes ont une profession ! (femmes au travail / femmes au foyer)

→ ....

e. La campagne n'est plus aussi peuplée qu'avant ! (agriculteurs / fonctionnaires)

→ ....

f. Mauvaise santé des gens ! (forêts / usines) → ....

g. Révolution informatique ! (ingénieurs / médecins) → ....

12. ▭ Il y a une négation ou pas ?

	oui	non			oui	non
a.	☐	☐		**e.**	☐	☐
b.	☐	☐		**f.**	☐	☐
c.	☐	☐		**g.**	☐	☐
d.	☐	☐		**h.**	☐	☐

13. ▭ Écoutez les réponses de B aux questions de A. Est-ce que A a insisté dans ses questions à B ?

	oui	non			oui	non
a.	☐	☐		**e.**	☐	☐
b.	☐	☐		**f.**	☐	☐
c.	☐	☐		**g.**	☐	☐
d.	☐	☐		**h.**	☐	☐

14. ▭ Écoutez le dialogue et écrivez ce que ce monsieur a acheté et combien il a payé.

....

Total payé : .... euros, ... cents.

15. ▭ Devinette. Qu'est-ce que c'est (répondez par un seul mot) ?

....

QU'EST-CE QUE VOUS VOULEZ DIRE ?

Appeler (au téléphone), c'est-à-dire, chose, cigarette, clair (compréhensible), déranger, deviner, disque, entendre, erreur, (s') excuser, (s') exercer, exercice, fort(e), instant, laisser, librairie, message, ordinateur, (de la) part (de), (se) présenter, raconter, reconnaître, regretter, traduire, vite

• La famille : le père, la mère, le fils, la fille, le frère, la sœur, le mari, la femme

*machin (= truc)   *Machin (= quelqu'un)
*Passer /donner un coup de fil (= de téléphone)

• Les relatifs : qui, que, où
• Les pronoms personnels compléments : me, te, lui, nous, vous, leur
• « Que » et « si » (le discours indirect)

1. Complétez le tableau des verbes.

	....	....	**suivre**	....	....	....
J'/je	....	traduisais	....	....	....	reconnaissais
Tu	apportais	....	....	....	....	....
Il/elle	....	....	hésitait	....	....	....
Nous	....	....	....	....	entendions	....
Vous	....	....	....	étiez	....	....
Ils/elles	....	....	....	....	....	....

2. Complétez le tableau des verbes.

	....	**s'excuser**	....	....	....	....	....
J'/je	m'exercerai	....	....	....	....	....	....
Tu	....	....	....	....	....	....	te lèveras
Il /elle	....	....	....	....	....	se reposera	....
Nous nous	....	....	inscrirons	....	....	....	....
Vous vous	....	....	....	....	baignerez	....	....
Ils/elles	....	....	....	s'ouvriront	....	....	....

3. Faites des phrases avec qui.

a. J'ai des amis. Ils habitent à Annecy. → *J'ai des amis qui habitent à Annecy.*

b. J'ai trouvé une maison. Elle est assez grande. → ....

c. Vous voyez ce bus ? Il passe devant la mairie. → ....

d. Vous entendez les enfants ? Ils jouent dans le parc. → ....

e. Achetez ce disque. Il vous plaît beaucoup. → ....

f. Il faut prendre l'avenue. Elle est à droite, après les feux. → ....

4. Faites des phrases avec que ou qu'.

a. Voilà le livre. Je l'ai acheté hier. → *Voilà le livre que j'ai acheté hier.*

b. Ce chemin est compliqué. Vous le conseillez. → ....

c. C'était un bon film. Je l'ai beaucoup aimé. → ....

d. Nous allons accepter cette invitation. Vous l'avez faite. → ....

e. Il a eu le travail. Il l'a demandé. → ....

f. Où est le programme ? Je dois absolument le suivre. → ....

g. Ce vélo est assez petit. Elle l'a choisi. → ....

5. Complétez ce dialogue avec qui, que ou qu'.

– Hier soir, j'ai vu un film .... j'ai adoré et .... racontait une histoire formidable : c'est la fille d'un prince .... rencontre un chat bizarre dans une forêt.

– Ah, bon ? Avec qui ? Je veux dire, quels étaient les acteurs .... jouaient dans le film ?

– Oh, des acteurs et des actrices .... je ne connais pas, avec des noms bizarres, eux aussi. Mais, vraiment, c'est une belle histoire .... m'a beaucoup plu.

– C'est seulement ce film .... tu as vu cette semaine ?

– Non, j'en ai vu deux autres .... n'étaient pas très intéressants, mais .... tout le monde est allé voir. Les films .... on voit à la télé sont quelquefois meilleurs.

6. Complétez ces phrases avec où ou qui.

a. Les gens .... vont là-bas doivent prendre un taxi.

b. Le vendredi soir, c'est le soir .... on va au cinéma.

c. Les gens habitent rarement là .... ils travaillent.

d. C'est une question .... est vraiment compliquée.

e. Dans la petite ville .... j'habite, il n'y a pas de gare.

f. Le fleuve .... traverse plusieurs grandes villes, comme Tours, par exemple, ... est la ville .... je suis née, est le plus long de France.

7. Écrivez les réponses aux questions (utilisez un pronom personnel complément).

a. Vous avez téléphoné à M. Martin ? → *Non, mais je vais lui téléphoner.*

b. Ils ont écrit à leurs enfants ? → ....

c. Vos amis vous ont répondu ? → ....

d. Tu as parlé à ta sœur ? → ....

e. Tu as passé un coup de fil à ton père ? → ....

f. Vous avez expliqué le chemin à vos amis ? → ....

8. Complétez ces phrases avec un pronom personnel complément, et que, si ou où.

a. Je .... dis .... tu dois absolument .... passer un coup de fil après ton travail, d'accord ?

b. Elle .... demande .... vous allez au cinéma ce soir.

c. Je .... dis et je .... répète .... ce n'est pas possible, mais ces enfants n'écoutent pas !

d. Ah, bon ! Vous .... demandez .... est la poste ? Eh bien, je .... réponds .... je ne sais pas !

e. Non, mon mari et moi, on ne .... a pas demandé .... nous étions d'accord !

f. Attendez ! Je ne .... conseille pas de .... parler maintenant : elle est très occupée.

g. Qu'est-ce que tu .... apportes là ? Oh ! Des champignons ! Ça .... plaît beaucoup. Comment tu as deviné .... j'adorais ça ?

9. Homonymes. Deux sens pour un seul mot. Faites des phrases.

a. passe : ....

passe : ....

b. où : ....

où : ....

c. que : ....

que : ....

d. qui : ....

qui : ....

10. Trouvez des mots ou expressions équivalents.

a. tiens ! / ....

b. téléphoner à / ....

c. d'après vous / ....

d. deuxième / ....

e. machin / ....

f. bientôt / ....

g. passer / ....

h. recommander / ....

11. Écrivez le contraire.

a. lentement / ....

b. la plupart des… / ....

c. prendre / ....

d. en dernier / ....

e. boire / ....

f. faim / ....

g. mal / ....

h. chercher / ....

12. Lisez cette histoire et écrivez la suite de ce qui est arrivé.
  (Utilisez : dire/demander/répondre/conseiller…)

Il téléphone aux renseignements. Il dit qu'il veut *(continuez)* ....

13. ▭ Singulier ou pluriel ?

	a.	b.	c.	d.	e.	f.	g.	h.
S	☐	☐	☐	☐	☐	☐	☐	☐
P	☐	☐	☐	☐	☐	☐	☐	☐
?	☐	☐	☐	☐	☐	☐	☐	☐

14. ▭ Qu'est-ce que vous entendez ?

a. C'est du vin ! ☐
C'est du vent ! ☐

b. Je le reconnais. ☐
Je les reconnais. ☐

c. Elle le traduit. ☐
Elle l'a traduit. ☐

d. Je vais vous présenter. ☐
Je vais vous le présenter. ☐

e. Elle lui demande si elle entend. ☐
Elle lui demande si elle l'entend. ☐

f. Je peux parler à votre frère. ☐
Je veux parler à votre frère. ☐

g. Je lui ai laissé ces messages. ☐
Je lui ai laissé sept messages. ☐

h. Vous lui expliquez les exercices. ☐
Vous lui expliquiez les exercices. ☐

15. ▭ Qu'est-ce que c'est ? Devinez (réponse en un seul mot).

....

Au-dessous, au-dessus, blond(e), brun(e), C.D. (disque compact), carré, cheveux, clair(e) (teinte), clé, décrire, désordre, dictionnaire, difficile, écran, en bas, en haut, (à l')extérieur (de), foncé(e), gros(-sse), (à l') intérieur (de), juste, (le) lendemain, lourd(e), lunettes, métal (métaux), mince, neuf (neuve), objet, (se) passer [= arriver], (une) personne, porter, rectangle, réveil, rond(e), sac, sous, stylo, table, transparent, triangle, (la) veille, vendeur(-euse), vendre, vêtement, yeux

• Venir de + infinitif (le passé récent) • Avec (sans)

• Matières : en bois, en carton, en cuir, en métal, en papier, en plastique, en verre

*C' est dingue ! *Sans blague ! *Super (= très) ← *→ sympa ← *→ marrant(e)

On dirait… ; Ça a l'air de… ; Ça a la même forme / couleur que… ; Ça ressemble à… ; C'est une sorte de… ; C'est (un peu) comme…

1. Écrivez les contraires.

a. léger / ....

b. clair / ....

c. petit / ....

d. rond / ....

e. en haut / ....

f. neuf / ....

g. au-dessus / ....

h. avec / ....

i. bon / ....

j. le lendemain / ....

2. Chassez l'intrus. Barrez le ou les mot(s) qui ne va (vont) pas avec les autres.

a. bois – cuir – métal – clé – papier – carton – écran – verre.

b. truc – objet – matière – machin – chose.

c. bleu – blanc – brun – beau – vert – violet – vent.

d. léger – lourd – exquis – foncé – clair – menu – transparent.

3. Répondez aux questions. Utilisez le passé récent comme dans le modèle.

A

a. Elle est sortie il y a longtemps ? → *Non, elle vient de sortir.*

b. Vous l'avez vu quand, Michel ? → *Je* ....

c. Ils l'ont dit quand ? → *Ils* ....

d. Vous êtes arrivées il y a longtemps ? → *Non, nous* ....

e. Tu as reconnu cet homme-là ? → *Oui, je* ....

f. Vous avez déjà pris votre petit déjeuner ? → *Oui, nous* ....

g. Il n'a pas bu tout le lait ? → *Si,* ....

B

a. Tu vas téléphoner à Pascal ?
→ *Mais je viens de lui téléphoner !*

b. Tu vas aller en Corse quand ?
→ ....

c. Vous allez finir ce travail, n'est-ce pas ?
→ ....

d. Elles vont apporter des C.D. pour la fête ?
→ ....

e. Quand est-ce que vous allez prendre votre café ?
→ ....

f. Quand vont-ils commencer leurs cours ?
→ ....

g. Tu ne vas pas donner un coup de fil à ta sœur ?
→ ....

4. Faites correspondre et écrivez une phrase complète.

a. Refuser   **1.** à jouer du saxophone
→ ....

b. Raconter   **2.** une chambre à l'hôtel
→ ....

c. Répondre   **3.** un long message
→ ....

d. Traduire   **4.** d'un court voyage à Nice
→ ....

e. S'exercer   **5.** à un questionnaire
→ ....

f. Laisser   **6.** notre invitation
→ ....

g. Rentrer   **7.** en français
→ *Il a traduit cette conférence en français.*

h. Réserver   **8.** des choses bizarres
→ ....

5. Espaces, majuscules, apostrophes, accents, ponctuation ? Récrivez correctement ce texte.

alexpositioninformatiquejaitrouveundroledobjetquineressemblaitarienjeveuxdirequecetaitcommeunstylo
maiscenetaitpasunvraistyloçaressemblaitbeaucoupaçaenpluscetrucetaitenplastiquenoirrondetpastreslon
gassezlegerehbiencetaitunordinateurminusculequipouvaitaussitraduireenhuitlanguesmalheureusementilcou
taittropcherpourmoicestdommagemaisjenenaipasvraimentbesoinpourmaprofessionjepeuxtraduiresanslui
parcequejaiplusieursbonsdictionnaires.

6. Écrivez presque la même chose avec d'autres mots, comme dans le modèle.

a. On dirait un stylo.
→ *Ça ressemble à un stylo.*

b. C'est en quelle matière?
→ ....

c. Ça se trouve où ?
→ ....

d. Je vais y penser.
→ ....

e. C'est impossible.
→ ....

f. Si je n'ai pas mon agenda,
je ne peux pas vous répondre.
→ ....

g. Ce n'est pas mauvais.
→ ....

h. C'est comme un carré.
→ ....

7. Faites une croix devant l'expression qui correspond.

a. Ça a l'air d'un réveil.

☐ C'est un vrai réveil.
☐ On dirait un réveil.
☐ C'est une sorte de réveil.

b. Il est revenu il y a une minute.

☐ Il y est allé il y a une minute.
☐ Il vient d'y aller.
☐ Il vient juste de rentrer.

c. Ces deux objets se ressemblent absolument.

☐ L'un est presque égal à l'autre.
☐ Ils ont exactement la même forme.
☐ L'un ressemble beaucoup à l'autre.

d. Vous ne pouvez rien faire sans dictionnaire.

☐ Vous avez absolument besoin d'un dictionnaire.
☐ Avec un dictionnaire, vous travaillez mieux.
☐ Sans dictionnaire, vous pouvez faire quelque chose.

8. Écrivez un autre mot avec chaque groupe de lettres.

a. V E N U E / ....

b. N A C R E / ....

c. T O R S E / ....

d. P I P E R A / ....

e. B A L T E / ....

f. C O N T R E R A / ....

g. R E G L E / ....

h. R E V E R / ....

9. Faites une phrase avec le maximum de mots qui commencent par... :

a. SA : ....

b. VE : ....

c. FA : ....

d. VI : ....

e. DE : ....

10. Complétez ce dialogue (interrogatoire) d'après Raymond Queneau : *Le vol d'Icare*, Gallimard.

– Com.................... se présenta.................... cet hom.................... ?

– Diffi.................... de vous rép.....................

– Quel â.................... ?

– Assez jeu..................... Peut-ê.................... tr.................... c....................ans.

– Grand ?

– Un mètre quatre-vi.................... exac.....................

– Chev.................... ?

– Blo...................., je cr.....................

– Ye.................... ?

– Ble...................., bien s.....................

– Quels vêtem................... port.....................-il ?

– Euh, lon..................... et no.....................

– C'est to..................... ?

– Non, il av.................... aus.................... un gr..................... s..................... jau..................... en cu.....................

11. 📼 **Écoutez bien ce qui est dit et remplissez cette fiche.**

DÉCLARATION DE PERTE DE BAGAGE	*AÉROPORTS DE PARIS*

NOM :	PRÉNOM(S) :

ADRESSE EN FRANCE :

TÉL. :

EN PROVENANCE DE :	À DESTINATION DE :

VOL :	DATE :	HEURE :

QUANTITÉ DE BAGAGES PERDUS (NOMBRE) :

DESCRIPTION :

TYPE:

① ② ③ ④ ⑤

COMMENT VOUS AVEZ FAIT ?

QUOI DE NEUF ?

Aider, appareil, appareil photo, appuyer, argent, arrêter, (carte) bancaire, billet (de banque), cliquer, code, couper, couteau(-eaux), distributeur, électronique, énerver, essayer, (se) fatiguer, inutile, machine, marcher (= fonctionner), mettre, mettre en marche, mode d'emploi, montre, ouvrir, parapluie, permettre (de), photo, pièce (de monnaie), pratique, répondeur, retirer, servir (à), simple, simplement, souris (informatique), taper, ticket, touche, (se) tromper, utile, utiliser

*Mais ça va pas ?   *Zut !

Il suffit de...   Il n'y a qu'à...

• Avec un, une, des, le, l', la... / Sans... / Sans + infinitif   • En + participe présent

1. Transformez comme dans le modèle. Utilisez le, l', les, en, y.

a. Vous avez mis l'appareil en marche ?   → *Oui, je viens de le mettre en marche.*

b. Vous avez arrêté la machine ?   → ....

c. Vous avez retiré de l'argent ?   → ....

d. Vous avez fait le code ?   → ....

e. Vous avez ouvert le magasin ?   → ....

f. Vous avez pris des photos ?   → ....

g. Vous avez écrit le mode d'emploi ?   → ....

2. Devinettes. Écrivez la réponse comme dans le modèle.

a. On le prend dans la rue pour aller au travail ou chez des amis. Qu'est-ce que c'est ?   → *le bus*

b. On ne sort pas sans lui s'il pleut.   → ....

c. Quand on sort d'une maison ou d'un immeuble, on la prend à gauche ou à droite.   → ....

d. On le prend le matin avec ou sans lait.   → ....

e. On l'utilise pour aller très loin, très rapidement.   → ....

f. On peut les prendre à la maison ou au restaurant.   → ....

3. Trouvez une question pour chaque réponse, comme dans le modèle.

a. – *Il choisit un ordinateur ?*

– Oui, et il le choisit bien.

b. – ....

– Oui, elle les utilise souvent.

c. – ....

– Oui, ça l'intéresse beaucoup.

d. – ....

– Non, elle ne l'a pas encore essayé.

e. – ....

– Si, je l'ai déjà vendue.

4. Conseils pour utiliser un appareil. Écrivez le mode d'emploi d'après le modèle.

a. Lisez d'abord le mode d'emploi ! → *Lire d'abord le mode d'emploi.*

b. Retirez l'appareil du sac en plastique. → ....

c. Mettez en marche en appuyant sur la touche rouge. → ....

d. Tapez le code personnel. → ....

e. Attendez le « bip ». → ....

f. Faites le numéro d'appel. → ....

g. N'ouvrez pas l'appareil quand il marche. → ....

h. Ne le laissez pas au soleil. → ....

i. Ne l'utilisez pas en avion. → ....

▶ **Quel est cet appareil ?** ....

5. Répondez aux questions en utilisant un pronom personnel, comme dans le modèle.

a. N'oubliez pas notre invitation, s'il vous plaît ! → *Soyez tranquilles, je ne vais pas l'oublier.*

b. Regardez bien le plan de la ville avant de venir chez nous ! → ....

c. N'énervez pas notre chien : il ne reconnaît jamais personne. → ....

d. N'ouvrez jamais un parapluie dans une maison. → ....

e. Mettez la machine en marche, s'il vous plaît. → ....

f. Ne vendez pas votre maison : la saison n'est pas favorable ! → ....

g. Mais arrêtez ce disque ! → ....

6. Complétez ce texte (publicité pour la Poste) avec les lettres qui manquent.

N'OUBLI-- PAS D'ÉCR--- SUR L'ENVELOPPE
LE CO-- DEV--- LE N↔ DE LA VIL--
DE VOT-- CORRESPONDANT.
SA-- LUI, L'ADR---- SER- COM-- CE TEXTE :
DIFF----- À LI--!

7. Récrivez ces phrases en remplaçant la partie soulignée par le, la, les, lui, leur.

a. Ils ont donné <u>ces appareils</u> aux enfants ?   → ....

Ils ont donné ces appareils <u>aux enfants</u> ?   → ....

b. Elle a traduit <u>le mode d'emploi</u> pour son ami ?   → ....

Elle a traduit le mode d'emploi <u>pour son ami</u> ?   → ....

c. Elle a donné <u>mon message</u> à l'ingénieur ?   → ....

Elle a donné mon message <u>à l'ingénieur</u> ?   → ....

8. Transformez les phrases comme dans le modèle.

a. Demandez-lui de vous donner ce magazine.   → *Donnez-moi ce magazine, s'il vous plaît.*

b. Dites-lui d'entrer.   → ....

c. Dites-leur de ne pas s'énerver.   → ....

d. Demandez-lui de partir.   → ....

e. Dites-leur de vous écouter.   → ....

f. Dites-lui de rester tranquille.   → ....

g. Demandez-lui de mettre en marche l'appareil.   → ....

h. Demandez-leur de décrire la personne.   → ....

9. Faites une croix devant l'expression qui correspond.

a. Je ne l'ai pas fait sans le vouloir.
☐ J'ai eu envie de le faire.
☐ Je n'ai pas voulu le faire.
☐ Je voulais le faire, donc je l'ai fait.

b. Je n'ai pas essayé cette machine sans hésiter.
☐ J'ai commencé à utiliser cette machine.
☐ J'ai beaucoup hésité avant de l'essayer.
☐ Je ne l'ai pas encore essayée.

c. Je ne la vois jamais sans m'énerver.
☐ Chaque fois que je la vois, je m'énerve.
☐ Je ne la vois jamais ; alors, ça m'énerve.
☐ Je ne m'énerve jamais quand je la vois.

d. Personne ne fait jamais rien sans réfléchir.
☐ On réfléchit et on ne fait jamais rien.
☐ En réfléchissant, on ne fait jamais rien.
☐ On réfléchit toujours avant de faire quelque chose.

10. Retrouvez le mot du dictionnaire en vous aidant de la définition qui en est donnée.
[nf. = nom féminin ; nm. = nom masculin ; adj. = adjectif ; v. = verbe] :

a. .... nf.   Sert à faire connaître et vendre un objet, un aliment, un appareil…

b. .... nf.   Sans elle, on ne peut pas utiliser un ordinateur.

c. .... v.   Faire le total (en plus ou en moins).

d. .... adj.   Quand il n'y a plus rien de libre.

e. .... v.   Dire merci.

f. .... nm. Permet de déranger les gens qui dorment !

11. Écrivez un nouveau mot comme dans l'exemple.

a. O R A G E + N = *Orange*

b. F O R T + E = ...

c. L A V E E + L = ...

d. C I N E M A + H = ...

e. S E P T + M = ...

f. N O T E R + M = ...

g. M A R C H E + B = ...

h. P A T E + R = ...

12. Transformez les phrases comme dans l'exemple.

a. – Comment mettez-vous en marche votre ordinateur ?

– Oh, c'est simple comme bonjour : j'appuie sur cette touche et je clique avec la souris.

→ *En appuyant sur cette touche et en cliquant avec la souris.*

b. – Comment avez-vous appris le français ?

– Je suis restée deux ans en France.

→ ....

c. – Je veux lui parler, mais elle n'est pas là ; comment je fais ?

– Rien de plus simple : vous lui laissez un message sur son répondeur.

→ ....

d. – Comment est-ce que je dois faire pour être moins grosse, docteur ?

– Ce n'est pas difficile : suivez mes conseils, mangez moins et faites du sport.

→ ....

e. – Comment avez-vous fait pour avoir vos tickets de bus ?

– Très simplement : j'ai mis quelques pièces dans ce distributeur, là-bas.

→ ....

13. 📼 Positif ou négatif ?

	P	N		P	N
a.	☐	☐	**e.**	☐	☐
b.	☐	☐	**f.**	☐	☐
c.	☐	☐	**g.**	☐	☐
d.	☐	☐	**h.**	☐	☐

14. 📼 C'est une question ou non ?

	OUI	NON		OUI	NON
a.	☐	☐	**f.**	☐	☐
b.	☐	☐	**g.**	☐	☐
c.	☐	☐	**h.**	☐	☐
d.	☐	☐	**i.**	☐	☐
e.	☐	☐	**j.**	☐	☐

FINALEMENT,
J'AI CHOISI...

QUOI DE NEUF?

Accident, appartement, arrêter (de), arriver (= se passer), (être) assis, bureau, calme, (à) cause (de), choix, construire, courses, décider, décision, exagérer, facile, finalement, jardin, nature, optimiste, pendant (que), pessimiste, (se) plaindre, pollution, possibilité, (se) rappeler, regret, (se) réjouir, repartir, revenir, vivre

• Avoir l'habitude de... • D'habitude... • Ça fait du bien de + infinitif
• Je n'en peux plus !

Là (= maintenant) *(en avoir) marre* (= en avoir assez) *Bosser*

• Depuis... ; il y a... / ça fait... que... • C'est... qui / c'est... que

1. Conjuguez les verbes comme dans le modèle.

a. Ce n'est pas elle qui *a décidé* (décider) de vivre à la campagne l'année dernière ?

b. C'est vous qui .... (refuser) ces billets, hier ?

c. Ce n'est pas eux qui .... (finir) les premiers demain soir !

d. C'est lui qui .... (décider) après la conférence, ce soir.

e. C'est bien vous qui .... (avoir) ce terrible accident le mois dernier ?

f. Ce n'est pas elle qui .... (se plaindre), d'habitude.

2. Pour insister. Transformez les phrases comme dans le modèle.

a. <u>Vous</u> y allez ! → *C'est vous qui y allez, pas moi !*

b. Vous allez à <u>Lyon</u> ! → *C'est à Lyon que vous allez, pas à Genève !*

c. Elles commencent <u>demain</u>. → ....

d. Je veux absolument <u>ce disque</u> ! → ....

e. Je <u>te</u> parle ! → ....

f. Il travaille <u>pour vous</u>. → ....

g. <u>Ils</u> ont décidé. → ....

h. <u>Elles</u> n'arrêtent pas de se plaindre ! → ....

3. Complétez ce texte avec depuis ou il y a.

Rachid est arrivé à Paris .... six ans déjà. Il a cherché un travail, et .... cinq ans maintenant, il est ingénieur dans une usine située à cinquante kilomètres de la Capitale .... juste un an, il a pu acheter une maison pas très loin de son usine : il y habite avec sa famille .... septembre dernier. Moi aussi, je travaille dans la même usine, mais moi, j'ai commencé à y travailler .... un an seulement. Je ne suis pas comme Rachid, moi : j'habite à Paris .... plus de vingt ans. En effet, c'est là que je suis né et ce n'est pas demain que je vais changer d'appartement ! .... donc un an que je prends tous les jours le train entre chez moi et l'usine, et retour ! C'était assez fatigant au départ, mais .... quelques mois, j'en ai pris l'habitude et je n'y pense plus.

4. Pendant que... : transformez les phrases en utilisant le passé composé et l'imparfait.

a. La dernière Exposition universelle *(avoir lieu)*. Il *(être)* étudiant.

→ *La dernière Exposition universelle a eu lieu pendant qu'il était étudiant.*

b. Il *(ramasser)* des champignons. Moi, je *(prendre)* des photos.

→ ....

c. Je *(descendre)* les sacs. Elle *(essayer)* d'appeler un taxi.

→ ....

d. Elle *(lire)* le journal. Il *(faire)* des courses.

→ ....

e. Nous *(parler)*. Elles *(noter)*.

→ ....

f. Vous *(écouter)* des disques. Elle *(s'exercer)* au saxophone.

→ ....

5. Présent / imparfait. Faites des phrases (essayez de ne pas répéter les mots soulignés !).

a. – Vous habitez chez vos parents ?

– *Non, mais j'habitais encore chez eux l'année dernière.*

b. – Vous êtes à l'université ?

→ ....

c. – Vous travaillez au centre-ville ?

→ ....

d. – Vous avez une voiture ?

→ ....

e. – Vous utilisez un ordinateur portable ?

→ ....

f. – Tu fais toujours de la bicyclette ?

→ ....

6. Imparfait / passé composé. Complétez ces phrases comme dans le modèle.

a. Il .... sur Paris quand j'..................... le TGV. *(neiger, prendre)*

→ *Il neigeait sur Paris quand j'ai pris le TGV.*

b. On .... bien tranquilles au centre-ville jusqu'au jour où la Mairie .... d'y ouvrir un centre commercial. *(vivre, décider)*

c. Il .... quand je .... *(pleuvoir, sortir)*

d. Je .... mon journal quand des amis .... *(lire, arriver)*

e. Elle .... se coucher quand son ami lui .... *(venir de, téléphoner)*

f. Ils .... la Grèce en voiture quand l'accident .... *(visiter, arriver)*

g. Depuis des années, ils .... leurs vacances au bord de la mer et ils y .... un mois. Mais cet été .... à la montagne. *(prendre, passer, aller)*

7. Mettez ce texte au passé (passé composé ou imparfait).
Attention : 7 verbes doivent rester au présent !

Tard hier soir, le directeur de mon journal me téléphone. Il m'appelle sur le problème des textes que je dois traduire. Je lui réponds qu'ils sont presque finis, que je n'ai plus que quelques pages à traduire et qu'il peut les avoir très rapidement. Il n'est pas content. Je lui dis que c'est finalement plus compliqué que ça en a l'air, que c'est un travail important et que j'ai l'habitude de travailler vite et bien, mais qu'il ne faut pas exagérer ! Je lui propose donc d'accepter d'attendre encore deux jours. Il ne refuse pas vraiment (parce qu'il a toujours besoin de moi, bien sûr !), mais il insiste : il lui faut ces textes dans trente-six heures exactement, pas une de plus. Les directeurs de journaux sont tous les mêmes : il leur faut tout, très vite et le moins cher possible… pour eux. Mais moi, je lui répète seulement que je comprends son problème parce qu'il est un bon directeur, qu'il a un bon journal et que je suis moi-même un bon journaliste ! Ensuite, je lui redis que je vais faire le maximum et que, jusqu'à maintenant, il ne peut pas se plaindre de mon travail. Il est d'accord avec moi et me dit qu'il se réjouit de m'avoir dans son équipe ! On se dit au revoir. Ouf ! Comme ça, je gagne du temps !

8. Optimiste / pessimiste. Complétez ces dialogues.

a.

– La vie est .... quand même, non ?

– Pourquoi vous .... ça ?

– Eh bien, ... du beau temps. C'est le .... aujourd'hui, vous savez !

– Eh bien, moi ça ne me .... pas. Aujourd'hui est .... hier et .... comme demain. C'est toujours la .... chose.

– Oh là là, vous, alors, vous n'êtes vraiment pas .... !

b.

– Ce n'..................... moi qui vais vous dire que la .... est triste.

– Ah bon ? Qu'est-ce qui vous est .... ? Vous avez l'..................... tout heureux.

– Et je .... heureux : je viens de .... au Loto sportif !

– Eh bien, dites, vous ne pouvez pas vous .... !

– Non, bien sûr. Je jouais .... semaine .... vingt ans et aujourd'hui je gagne .... !

– Je me .... pour vous. Et, dites, n'oubliez pas d'................... les amis à la fête !

9. Chassez l'intrus. Barrez le mot qui ne va pas avec les autres.

a. absolument, finalement, malheureusement, appartement, exactement, lentement.

b. mettre en marche, arrêter, appuyer, cliquer, taper, ouvrir, fermer, exagérer.

c. se réjouir, se plaindre, regretter, s'excuser, se présenter, remercier.

d. content, heureux, utile, triste, malheureux, sympathique, bizarre, tranquille.

10. ▭ Écoutez l'enregistrement et complétez le dialogue.

– Bonjour, Monsieur. Vous voulez bien .... à quelques .... ?

– .... C'est pour quoi ?

– Nous .... une enquête sur les .... et les .... des Français.

– Allez-y .... vous voulez savoir ?

– Je peux vous demander votre .... ?

– J'ai .... ans.

– Vous travaillez ?

– Non, je ne travaille plus ....

– Donc, vous ne .... rien.

– Comment, je ne .... rien ? Je suis .... au contraire.

– .... ?

– Eh bien, ..., enfin, le matin après mon ...., entre 10 heures et midi, je ....

mes amis au café et nous .... aux cartes. ...., je fais de la .... J'adore

ça. Et, après, je suis dans mon .... Avant le dîner, je fais une petite .... dans la

.... J'aime .... la ....

11. ▭ Présent ou imparfait ?

	a.	b.	c.	d.	e.	f.	g.	h.	i.
P	☐	☐	☐	☐	☐	☐	☐	☐	☐
I	☐	☐	☐	☐	☐	☐	☐	☐	☐

12. ▭ Qu'est-ce que c'est ? Devinez ! (Réponse : un seul mot.)

....

TRANSCRIPTION DES ENREGISTREMENTS

 Unité 0

4. a. Bienvenue en France ; **b.** Bienvenue chez nous ; **c.** Bienvenue chez les Français ; **d.** Bienvenue ; **e.** Bienvenue en France ; **f.** Les Français sont comme ça ; **g.** Bienvenue chez nous.

5. Vous comprenez ? / Je ne comprends pas. / D'accord. / C'est comme ça ! / Encore une fois ! / Bon voyage ! / Excusez-moi. / Bonjour ! / Bonne idée ! / C'est si bon… / Votre attention, s'il vous plaît… / Au revoir / C'est impossible. / S'il vous plaît… / C'est pour aujourd'hui ou pour demain ? / Merci.

6. a. « Mesdames, Messieurs, le commandant Berthiot et son équipage sont heureux de vous accueillir à bord de cet Airbus A 320 à destination de Rome et Athènes » (en allemand) ; **b.** « Mesdames, Messieurs, le commandant Berthiot et son équipage sont heureux de vous accueillir à bord de cet Airbus A 320 à destination de Rome et Athènes » (en français) ; **c.** « Mesdames, Messieurs, le commandant Berthiot et son équipage sont heureux de vous accueillir à bord de cet Airbus A 320 à destination de Rome et Athènes » (en suédois) ; **d.** « Mesdames, Messieurs, le commandant Berthiot et son équipage sont heureux de vous accueillir à bord de cet Airbus A 320 à destination de Rome et Athènes » (en anglais).

 Unité 1

11. a. Angleterre ; **b.** Finlande ; **c.** Italien ; **d.** Allemande ; **e.** Européen ; **f.** Luxembourg ; **g.** Japon ; **h.** France ; **i.** Bonjour.

12. a. Elle est belge ; **b.** Il est grec ; **c.** Elle s'appelle Elle ; **d.** Elle est espagnole ; **e.** Elle est allemande ; **f.** Il est suisse, je crois.

13. a. Elle est suisse ; **b.** Moi, je suis luxembourgeois ; **c.** Et vous, vous êtes de quelle nationalité ? **d.** C'est un homme ; **e.** Marcel, c'est un homme ou une femme ? **f.** Elle est très heureuse ; **g.** Pardon ? **h.** Dites, Erika, elle est étrangère ? **i.** C'est un homme heureux ; **j.** Ah ? Vous êtes belge ? **k.** Moi, c'est Didier Langlais ; **l.** Je suis heureux, oui, très heureux.

14. a. Eh bien ; **b.** C'est une femme ; **c.** Jeanne-Marie ; **d.** Elle est canadienne ; **e.** C'est un Espagnol ; **f.** Vous, c'est comment ? **g.** C'est un homme ? **h.** Il est américain.

Unité 2

9. a. Oui, c'est ça ; **b.** Mademoiselle ; **c.** je crois ; **d.** Oui, c'est lui ! **e.** Bonsoir ! **f.** Il est suédois ; **g.** C'est moi ! **h.** Elle est suisse ; **i.** Il s'appelle Louis ; **j.** Je suis danois.

10. a. Non ; **b.** étrangère ; **c.** Attendez ! **d.** Bonjour ! **e.** Eh bien ! **f.** Pardon ? **g.** Comment ? **h.** Tiens !

11. a. Il s'appelle comment ? **b.** Tiens ! **c.** C'est lui ! **d.** Mademoiselle ; **e.** Elles vont bien ; **f.** C'est‿ici ; **g.** Madame, Monsieur… ; **h.** C'est comment ?

12. a. Pardon ! **b.** Excusez-moi ! **c.** Comment est-ce qu'elle s'appelle ? **d.** Pardon, Monsieur ! **e.** Non ! Attendez ! **f.** Vous êtes belge, peut-être… ? **g.** J'suis d'ici, moi ! **h.** Oui ! C'est lui ! **i.** Vous venez d'où, vous ? **j.** Elle est d'où, dites ?

 Unité 3

11. a. Il(s) s'appelle(nt) Martin ; **b.** Ils adorent la musique ; **c.** Elles aiment beaucoup danser ; **d.** Elle et moi, on va au cinéma ; **e.** Il(s) déteste(nt) la publicité ; **f.** Elle(s) n'aime(nt) pas beaucoup lire le journal ; **g.** Lui et moi, on ne déteste pas aller au restaurant ; **h.** Danser… elles aiment ça !

12. a. l'opéra italien ; **b.** les escargots français ; **c.** les expositions étrangères ; **d.** les musées allemands ; **e.** les variétés américaines ; **f.** les publicités anglaises ; **g.** des cartes chinoises ; **h.** les films japonais ; **i.** des enfants heureux ; **j.** le cinéma suédois.

13. a. Je déteste lire ; **b.** Je n'aime pas beaucoup ça ; **c.** Au contraire, moi j'aime ! **d.** Ça va très bien, merci ; **e.** Moi ? Pas du tout ! **f.** Ça ne va pas ! **g.** Mais si, au contraire… ; **h.** Heureux, moi ? Pas du tout !

14. a. Ah, je déteste lire ! **b.** Vous n'aimez pas jouer aux cartes ? **c.** Ouah ! J'adore ça, moi ! **d.** J'aime regarder les sports à la télévision ; **e.** Vous êtes d'ici, je crois ? **f.** Si, c'est lui ! **g.** Je m'appelle Nadia Malouf et je suis française ; **h.** Attendez ! **i.** Vous aimez peut-être la musique classique ? **j.** Je déteste voyager.

15. a. merci ; **b.** madame ; **c.** des musées ; **d.** enfant ; **e.** encore une fois ; **f.** elles aiment ; **g.** on aime lire ; **h.** livre.

 Unité 4

11. a. Elle(s) s'appelle(nt) ; **b.** Ils aiment ; **c.** On aime ; **d.** Elles adorent ; **e.** Il(s) déteste(nt) ; **f.** Elles lisent ; **g.** Il(s) préfère(nt) ; **h.** Elle adore ; **i.** On adore ; **j.** Vous préférez ? **k.** Elle(s) préfère(nt) ; **l.** Il(s) regarde(nt).

12. a. Vous aimez la publicité ? **b.** Vous venez de Venise ? **c.** Elle s'appelle Madame Germain ; **d.** C'est une enquête pour la télévision ; **e.** Comment ça va ? **f.** Elles lisent beaucoup, non ? **g.** Vous vous appelez comment ? **h.** Ils vont à l'opéra ; **i.** Moi, je déteste ça ; **j.** Ils sont de Lyon.

13. a. – Vous aimez la musique classique ? / Pas du tout ! **b.** J'aime passionnément l'opéra ! **c.** La télévision ? Ça ne m'intéresse pas beaucoup… ; **d.** Je ne déteste pas visiter les musées… ; **e.** Manger au restaurant, ça j'aime beaucoup… ; **f.** Jouer aux cartes ? Euh, bof, peut-être… ; **g.** Ah, non ! le football ! Ah, non, pas ça ! **h.** Danser, moi ? Ah, non, merci ! **i.** Moi, détester le cinéma ? Au contraire !

14. a. C'est bizarre ; **b.** …de demain ; **c.** Vous lisez ; **d.** Vous parlez d'autres langues ? **e.** Dites, c'est qui ? **f.** C'est bien une télévision ; **g.** C'est pour une enquête ; **h.** J'aime le ciné.

 Unité 5

11.
a. – Beaudommage, c'est son nom.
– Ah, elle s'appelle, euh, Beaudommage ? Ça s'écrit comment, ça, Beaudommage ?
– B.E.A.U.D.O.M.M.A.G.E.
b. – Elle est d'où ?
– De Chibougamau.
– Oh, là, là ! Vous pouvez épeler ?
– Oui : C.H.I.B.O.U.G.A.M.A.U.
c. – Et sa nationalité ?
– Canadienne, elle est québécoise.
– Comment ça s'écrit ?
– Q.U.E. accent aigu / B. E. accent aigu / C.O.I.S.E.
d. – Et vous ?
– Moi, je m'appelle Cristofari : C.R. I.S.T.O.F.A.R.I.
e. – Je suis français, de Corse ; je viens de Porto-Vecchio, ça s'écrit : P.O.R.T.O. trait d'union. V.E.C.C.H.I.O.

12. a. 01 43 12 18 52 ; **b.** 01 55 51 15 25 ; **c.** 02 40 66 10 10 ; **d.** 02 44 18 08 28 ; **e.** 05 51 17 07 37 ; **f.** 04 60 06 10 16.

13. a. 12 plus 18 égale(nt) trente ; **b.** 13 + 16 = 29 ; **c.** 5 + 15 = 25 ; **d.** 16 + 12 = 26 ; **e.** 15 + 51 = 64 ; **f.** 6 + 16 = 20 ; **g.** 14 + 41 = 55.

14. a. Zéro ; **b.** douze ; **c.** seize ; **d.** cinq ; **e.** quinze ; **f.** cinquante ; **g.** soixante ; **h.** dix ; **i.** dix-huit ; **j.** sept ; **k.** quatorze ; **l.** six.

 Unité 6

12. a. 01 47 16 61 06 ; **b.** 03 99 19 29 09 ; **c.** 02 50 05 51 11 ; **d.** 05 49 94 84 79 ; **e.** 04 74 91 94 04 ; **f.** 01 45 10 70 66 ; **g.** 04 90 92 26 71 ; **h.** 05 49 73 13 93.

13. a. Vous n'avez pas le téléphone ? **b.** Ils n'ont pas le téléphone ; **c.** Moi, j'ai leurs coordonnées ! **d.** Vous avez son adresse ? **e.** Je voudrais parler à monsieur Dupont, s'il vous plaît ; **f.** Je pourrais parler à monsieur Dupond, s'il vous plaît ? **g.** C'est ennuyeux, non ? **h.** Je ne sais pas comment ça s'écrit.

 Unité 7

11.
– Vous avez un boulot intéressant ?
– Moi ? Oh, je suis femme au foyer.
– Ah, bon, alors, vous ne travaillez pas ?

– Comment, je ne travaille pas ? ! Mais si, je travaille. Ma branche, c'est l'informatique. Je suis ingénieur, mais je travaille chez moi.
– Très bien, je comprends. Et vous, Monsieur ?
– Moi, j'ai deux professions : je suis journaliste et acteur.

12. a. 17 ; **b.** 70 ; **c.** 67 ; **d.** 80 ; **e.** 81 ; **f.** 18 ; **g.** 88 ; **h.** 90 ; **i.** 98 ; **j.** 107 ; **k.** 707 ; **l.** 511 ; **m.** 815.

13. a. ils ont ; **b.** elles sont ; **c.** elles ont ; **d.** ils font ; **e.** elles font ; **f.** ils ont ; **g.** elles ont ; **h.** ils sont.

14. a. Elles sont françaises ; **b.** Elles aiment la musique classique ; **c.** Il(s) voyage(nt) ; **d.** Elles détestent leur boulot ; **e.** Elle n'aime pas son travail ; **f.** Il(s) travaille(nt) dans une usine ; **g.** Il est étudiant ; **h.** Vous êtes ingénieur(s) ?

 Unité 8

11.
A. a. Vous faites quoi ? **b.** Ah, vous êtes secrétaire ? **c.** Vous êtes femme au foyer ? **d.** Vous faites des voyages à l'étranger ? **e.** Vous faites des enquêtes ? **f.** Qui êtes-vous ?
B. a. Elles ont un bon boulot ; **b.** Ils sont au Japon ; **c.** Ils ont des prénoms bizarres ; **d.** Elles font du tennis ; **e.** Ils sont à l'étranger ; **f.** Elles sont d'accord ; **g.** Ils ne font pas ça ici ; **h.** Ce sont des fonctionnaires.

12. a. Leurs ingénieurs ; **b.** Ce sont des étudiantes ; **c.** Des fonctionnaires ; **d.** Des avocates ; **e.** Sa profession ? Acteur ; **f.** Des secrétaires ; **g.** C'est un bon médecin ; **h.** Des journalistes.

13. a. Pas encore ; **b.** Enfin, un peu… ; **c.** Allez, encore une fois ! **d.** Pas du tout ! **e.** D'accord, mais plus tard ! **f.** Bon ! **g.** Malheureusement… ; **h.** Voilà, c'est ça !

14. a. En‿Europe ; **b.** Je change ; **c.** C'est‿un‿étranger ; **d.** Ça s'écrit avec deux‿« m » ; **e.** On veut payer en dollars ; **f.** Alors ? **g.** Je ne fais pas ça, Monsieur ; **h.** C'est‿elle, elle travaille.

 Unité 9

13.
a. – Ta fille au pair, elle a quel âge ?
– Bärbel ? Elle a vingt ans, je crois.
– Ah ? Elle est très jeune, alors.
– Oui, comme moi, ah ! ah !
b. – Il est vieux, votre médecin, non ?
– Oh, oui, euh, peut-être…
– Quel âge il a, à votre avis ?
– Je ne sais pas, 65 ou 70 ans, non ?
c. – Quel âge tu as, toi, Bernard ?
– Ce n'est pas intéressant.
– Mais si !
– Bon, écoute : j'ai vingt-neuf ans.
– Ouah ! T'es pas jeune, dis donc !

14.
a. – Allô, le 01 40 79 81 20 ?
– Non, Monsieur ; ici, c'est le 41 79 81 21.
– Ah, pardon !

b. – Allô, je peux parler à Madame Guilloux ?
– Madame Guilloux ? Je ne connais pas de Madame Guilloux ici.
– Vous n'êtes pas le 04 78 29 69 90 ?
– Non, ici, c'est le 78 29 79 86.
– Excusez-moi, Madame.
c. – 02 41 16 12 11 ?
– Non, j'ai le 41 13 11 12.
– Ah, merci beaucoup. Désolée.

15. a. jeune ; **b.** tu veux ça ? **c.** vieux ; **d.** s'il vous plaît ; **e.** quel âge ? **f.** j'aime ça ; **g.** C'est pour eux ; **h.** vieille ; **i.** ils peuvent ; **j.** de ; **k.** deux.

16. a. elle peut ; **b.** ils peuvent ; **c.** ils étudient ; **d.** elles connaissent ; **e.** il habite ; **f.** elle aime ; **g.** il écoute ; **h.** elles adorent.

17. a. Je n'ai pas de problème avec les maths ; **b.** Désolé, je ne comprends pas du tout ; **c.** C'est bon, merci ; **d.** Mais non, vous n'êtes pas vieux ! **e.** C'est très intéressant ; **f.** Non, vraiment, c'est fatigant ; **g.** Moi, partir en voyage ? Merci ! **h.** J'ai soixante-quinze ans, mais je suis jeune !

 Unité 10

11.
a. – Pardon, monsieur…vous avez l'heure, s'il vous plaît ?
– Oui, moi, j'ai 6 heures moins dix.
– Merci beaucoup.
b. – Dis, quelle heure il est, maintenant ?
– Euh, attends : 7 heures et quart.
– Déjà ? !
c. – À 11 heures et demie, ça va ?
– Euh, bon, d'accord…
d. – Vous venez avant 6 heures, hein ?
– Je peux à 6 heures et quart, euh, ça va ?
e. – Excusez-moi, madame, avez-vous l'heure, s'il vous plaît ?
– Mais oui, jeune homme ! Oh, c'est amusant : il est 4 heures quatre !
f. – Ah, dis… il est déjà midi !
– Non, non, moi, j'ai midi moins deux.
g. [haut-parleur] « Mesdames, messieurs, votre attention, s'il vous plaît… Il est 16 heures trente. Le musée ferme à 17 heures… »
h. [horloge parlante] « Au quatrième top, il sera exactement : 8 heures, 40 minutes, 20 secondes [top–top-top-TOP !] »

12. a. Ils aiment leur travail ; **b.** Elles lisent le journal ; **c.** Il(s) se lève(nt) à 6 heures le matin ; **d.** Elle(s) regarde(nt) la télévision tous les soirs ; **e.** Eux, ils se couchent avant 11 heures du soir ; **f.** Ils finissent leur travail à 19 heures ; **g.** Elle(s), elle(s) commence(nt) à 9 heures ; **h.** Il sort à 7 heures ; **i.** Elle prend le bus à 8 heures moins le quart ; **j.** Elles sortent à midi.

13. a. Sept heures, déjà ? **b.** Oui, c'est l'heure ! **c.** Cet après-midi, je sors ; **d.** Le film, c'est à quelle heure ? **e.** Moi aussi, j'ai sept ans ; **f.** C'est cet après-midi, les sports, à la télé ; **g.** C'est intéressant, ça !

14. a. On peut le prendre pour aller au travail ; **b.** Le matin, il est « petit » ; **c.** On le lit tous les jours ; **d.** À la télévision, on l'adore ou on la déteste ; **e.** On l'écoute, mais on ne la regarde pas ; **f.** On ne les visite pas le mardi, en France.

 Unité 11

12. a. Ils attendent le bus ; **b.** Il(s) cherche(nt) la banque ; **c.** Il(s) traverse(nt) la place ; **d.** Elles prennent le petit déjeuner ; **e.** Elle(s) tourne(nt) dans la première rue à gauche ; **f.** Ils finissent à 8 heures du soir ; **g.** Elle(s) demande(nt) pardon ; **h.** Il(s) passe(nt) devant la mairie.

13.
– Pardon, Monsieur, je ne suis pas d'ici… Je cherche la poste.
– Ah, vous cherchez la poste ? Bien, ici, on est rue du Pont. En face, vous avez la mairie, d'accord ? Bon. Derrière la mairie, là-bas, il y a une place… Ce n'est pas compliqué, elle s'appelle : « place de la Mairie ». Bon. Il y a une église à droite de la place, vous voyez ? Eh bien, la poste est au coin, à droite de l'église.
– Ah, je vois très bien. Merci, Monsieur.
– Attendez ! Vous êtes touriste, hein ? Étranger, peut-être ? Bon. Alors, derrière la poste, entre la banque et le cinéma, vous avez un très bon restaurant, c'est le « Restaurant de France ».
– Ah, le « Restaurant de France »… C'est là ? Très bien. Et il y a un musée, dans votre ville ?
– Oh, oui, mais c'est un petit musée… mais il est très intéressant. D'abord, vous sortez du « Restaurant de France » et vous prenez à droite. Ensuite, vous continuez tout droit… Euh, ce n'est pas la première, non, mais c'est la deuxième à gauche. Le musée est là, au coin de la rue. Vous avez le temps : il est ouvert jusqu'à 18 heures et on n'est pas mardi !

14. Le Professeur Duchmol est un peu compliqué. Il va chez lui, après un voyage à Paris. Il sort de la gare dans la petite ville où il habite. Premièrement, il prend la rue à droite, tourne à gauche et traverse le pont Saint-Louis. Il va tout droit jusqu'à l'église et tourne derrière l'église, à gauche. Ensuite, il va tout droit. Il passe devant la mairie et prend la deuxième rue à droite, après l'école. Il tourne à droite derrière l'école, va toujours tout droit et prend la deuxième rue à gauche… et il est devant sa maison, enfin chez lui !

 Unité 12

11. a. Changer, moi ? Non, merci ; **b.** Tu écris à Barbara ? **c.** Je n'achète pas les journaux ; **d.** Vous allez chez le médecin ? **e.** C'est compliqué ; **f.** Le dimanche, c'est pour se reposer ; **g.** Qu'est-ce qu'il y a à faire ? **h.** Écrire ou ne pas écrire, quel problème !

12. a. pleuvoir ; **b.** neiger ; **c.** travailler ; **d.** dernier ; **e.** remercier ; **f.** février ; **g.** comprendre ; **h.** décembre ; **i.** prendre ; **j.** soir.

13. a. dans ; **b.** printemps ; **c.** quand ; **d.** vacances ; **e.** demain ; **f.** besoin ; **g.** vent ; **h.** saison ; **i.** prochain ; **j.** intention.

14. a. Cet été ; **b.** C'est l'été ; **c.** Cet après-midi ; **d.** C'est après-demain ; **e.** Ah, ces après-midi d'hiver ! **f.** C'est normal ! **g.** C'est à côté ; **h.** C'est oui ou non ? **i.** Cet automne ; **j.** Ah, ces touristes !

15. « Aujourd'hui, dans l'ouest de la France, à Brest et à Bordeaux, il fait très mauvais et il y a du vent. Au sud, à Toulouse et à Marseille aussi, le temps est très beau, mais il fait du vent. À l'est, à Grenoble, il y a beaucoup de neige. À Tours, il pleut un peu. Les pluies sont très importantes sur Paris et Rouen. Enfin, au nord, à Lille, il fait soleil. »

 U*nité 13*

8. a. inviter ; **b.** partir ; **c.** plaisir ; **d.** remercier ; **e.** volontiers ; **f.** vouloir ; **g.** voir ; **h.** bonsoir ; **i.** chercher ; **j.** chez ; **k.** peut-être ; **l.** connaître ; **m.** passer ; **n.** refuser ; **o.** assez ; **p.** étranger ; **q.** changer ; **r.** manger.

9. a. Euh, nous ne refusons pas d'aller à l'Opéra, mais nous y allons rarement ; **b.** Sortir ce soir avec vous ? Mais très volontiers ! **c.** Je vais presque une fois par mois au théâtre ; **d.** Vos amis sont assez gentils ; **e.** Il ne refuse jamais d'aller au restaurant ; **f.** – Vous aimez danser ? – Oh, plus ou moins : je ne suis plus très jeune…

10. a. Ils invitent un ami ; **b.** Elle accepte ce travail ; **c.** Nous prenons rendez-vous chez le médecin quatre fois par an ; **d.** Ils rappellent leurs amis ; **e.** Elle(s) rappelle(nt) ce soir ; **f.** Ils n'attendent pas le beau temps pour sortir ; **g.** Nous refusons de manger des escargots ; **h.** Ne va pas travailler maintenant ! **i.** Elles ne comprennent rien ; **j.** Il(s) ne voi(ent) rien.

11. a. Je ne lis plus les journaux ; **b.** Il refuse d'inviter tout le monde ; **c.** Je n'accepte personne ici quand je travaille ; **d.** Vous invitez quelqu'un ce soir ? **e.** Je comprends presque tout quand on parle lentement ; **f.** Tout le monde n'aime pas la musique classique ; **g.** On y va ensemble ; **h.** Désolés, on est occupés ce week-end ; **i.** On part ou pas ?

12. a. Mais très volontiers ; **b.** C'est dommage. Je suis désolé(e) ; **c.** Excusez-moi, mais c'est très loin, chez vous ; **d.** Je suis bien content, mais j'invite des amis au restaurant demain soir ; **e.** Désolé(e), je ne suis pas libre demain soir, c'est vraiment dommage ; **f.** Bon, alors à demain soir ! **g.** Veuillez accepter toutes mes excuses, mais ce n'est vraiment pas possible pour moi ce jour-là.

 U*nité 14*

9. a. Je veux bien ; **b.** J'ai dix ans ; **c.** C'est Marie ; **d.** Je l'ai eu [J'l'ai eu] ; **e.** J'ai dit oui ; **f.** J'ai cours ; **g.** J'ai eu des amis ; **h.** Tu as le temps.

10. a. J'ai beaucoup couru pour arriver jusqu'ici ; **b.** Je n'ai jamais appris les langues étrangères ; **c.** J'ai toujours connu des gens extraordinaires ; **d.** Elle est déjà entrée à l'université ; **e.** Vous connaissez bien Paris, non ? **f.** Vous avez déjà choisi vos activités dans le programme ? **g.** Vous venez chez nous pour la première fois ? **h.** Je voudrais bien prendre des cours de mathématiques.

11. a. La Première Guerre mondiale a commencé le 28 juillet 1914 ; **b.** La Révolution française a eu lieu le 14 juillet 1789 et a fini le 9 novembre 1799 ; **c.** Roosevelt, Churchill et Staline se sont rencontrés à Yalta en 1945. La Conférence de Yalta a commencé le 4 et a fini le 11 février 1945 ; **d.** La Deuxième Guerre mondiale a duré du 1er septembre 1939 au 2 septembre 1945 ; **e.** L'Union européenne est née le 7 février 1992 ; **f.** L'empereur Napoléon Ier est arrivé à Sainte-Hélène le 15 octobre 1815. Il y est mort le 5 mai 1821 ; **g.** Neil Armstrong a été le premier homme sur la Lune : il y a marché le 21 juillet 1969.

12. a. On est le 31 juillet. Rachid est parti de Paris pour Nantes le 15 juillet. Il n'est jamais venu à Nantes avant. Il voudrait bien rester encore un peu : il a adoré la ville et toutes les activités proposées. Mais il faut retourner travailler ! Il va repartir pour Paris après trois semaines de vacances.

b. Claire se retrouve pour la quatrième fois en vacances à Marseille. Elle y est arrivée hier matin. Elle va y rester une semaine. Ses vacances ne sont pas longues. Dommage…

c. – Alors, David, tu aimes Paris ?
 – Oui, beaucoup. C'est formidable. Mais on n'a pas le temps de tout voir, dommage.
 – Qu'est-ce que tu as déjà fait, ici ?
 – Je suis arrivé il y a trois jours. Eh bien, le premier jour, je suis allé voir le musée du Louvre.
 – Intéressant, non ?
 – Oui, très. J'y suis revenu avant-hier et j'y suis resté toute la journée.
 – Et tu repars quand ?
 – Je ne sais pas encore. Peut-être ce dimanche… ?

 U*nité 15*

13. a. Il n'y a plus d'habitants ici ; **b.** Là-bas, il y a plus d'habitants qu'ici ; **c.** Entre 1998 et 2001, il y a eu plus de touristes ici ; **d.** Personne ne sait où se trouve le vieux musée ; **e.** En été, on‿a presque plus de touristes que d'habitants au village ; **f.** Le dernier café du centre-ville a fermé hier ; **g.** Le sud n'est pas aussi peuplé que le nord ; **h.** La plupart des gens visitent rarement les musées ; **i.** Avec ce mauvais temps, il n'y a presque plus de touristes ; **j.** À mon avis, il n'y a pas moins de touristes cette année.

14. *[Voix de femme]* « Je suis arrivée de Paris il y a trois jours. Je me trouve à Annecy. C'est une jolie petite ville dans les Alpes. Enfin, elle n'est pas beaucoup plus petite que Poitiers, par exemple : elle a 74 000 habitants ! Elle est devenue française en 1860. On y trouve une église du XVe siècle, une cathédrale du XVIe, un château des XIIe, XVe et XVIe siècles et deux musées. Il y a aussi plusieurs usines, mais Annecy, pour la plupart des gens, est un centre touristique, été comme hiver. Près de la ville est situé le lac d'Annecy, assez grand, mais pas aussi grand que le lac de Genève.

15.
a. – Il y a deux fois moins d'habitants au Danemark qu'au Portugal.
 – Et combien y a-t-il d'habitants au Portugal ?
 – Dix millions.

b. – Il y a deux fois plus de Suédois que de Norvégiens.
– Et combien sont-ils, en Norvège ?
– Un peu plus de quatre millions.
c. – Il y a quinze millions d'habitants aux Pays-Bas.
– Ah bon ? Alors, ça fait trois fois moins d'habitants qu'en France.
d. – L'Espagne est cent fois plus peuplée que le Luxembourg !
– Non, pas possible ? Il y a combien de Luxembourgeois ?
– 380 000.

 Unité 16

11.
a. – On y va ensemble ? – D'accord, avec plaisir.
b. – Je viens vous chercher ce soir ? – D'accord, bonsoir.
c. – Comment allez-vous, cher ami ?
– Désolé, je ne peux pas y aller.
d. – On se retrouve à votre hôtel ?
– D'accord. À très bientôt, alors.
e. – Comment on fait pour aller au château ?
– Très heureux.
f. – Vous voulez partir dans combien de temps ?
– C'est très agréable, merci.
g. – Je vais vous expliquer la route à prendre…
– C'est très gentil à vous.
h. – La distance n'est pas grande : je vais avec vous…
– C'est incroyable !

12. a. Elles restent ensemble ; **b.** Il doit savoir ça ; **c.** Elles se retrouvent à l'hôtel ; **d.** Elles ne savent pas comment y aller ; **e.** Ils expliquent le programme ; **f.** Il(s) visite(nt) la région ; **g.** Il choisit le meilleur hôtel ; **h.** Il(s) demande(nt) la direction du château.

13.
a. À l'hôtel, ils prennent leurs vacances en septembre.
b. À Paris, je ne reste jamais plus de 48 heures.
c. Vous pouvez visiter l'exposition du 12 au 18 juillet.
d. Si vous voulez faire du ski, il vaut mieux venir en février.
e. Je travaille de 9 heures à midi et de 14 à 18 heures.
f. Trois fois par semaine, je vais à l'usine à moto.
g. Au contraire, c'est normal.
h. Désolé, mademoiselle, l'hôtel est malheureusement complet.

14. a. L'Hôtel du Parc ? C'est à côté, à 2 minutes d'ici à pied, derrière la poste.
b. Grenoble ? Si on y va en train, c'est à 3 heures de Paris. Mais si on préfère la voiture, il faut plus de temps : ça fait 567 kilomètres, vous savez !
c. Andorre, c'est tout au sud de la France, dans les Pyrénées, à 1010 kilomètres de Paris, par la route ; ça veut dire à deux jours de voyage en voiture.
d. Pour Genève ? Regardez la carte : c'est en Suisse, à 570 kilomètres d'ici ; et en train, le voyage dure 3 heures 10.

Unité 17

11. a. Je saurai ; **b.** Vous‿aviez ; **c.** Il a neigé ; **d.** Il est jaune ; **e.** Ils‿avaient ; **f.** J'ai le même temps ; **g.** Elle avait ; **h.** C'est couvert.

12. a. L'été, on y va pour se baigner ; **b.** On les ramasse après la pluie ; **c.** Quand il est là, on ne voit rien ; **d.** Quand il n'est pas couvert, il est bleu ; **e.** On parle de lui quand on ne sait pas quoi dire.

13. a. On‿a même plus de touristes cette année ; **b.** On n'a plus de touristes cette année ; **c.** On‿avait beaucoup de champignons dans la région ; **d.** On‿ira à la plage plus tard ; **e.** On‿a fait plus de promenades cette année ; **f.** Ici, le thermomètre n'est jamais descendu au-dessous de zéro ; **g.** On n'a pas que du beau temps, ici ! **h.** Personne ne se baigne avec ce vent !

14. a. C'est vraiment la catastrophe ! **b.** C'est le paradis ! **c.** Ce n'est pas la catastrophe ! **d.** Il fait vraiment très chaud, mais avec ce vent, c'est assez agréable, n'est-ce pas ? **e.** Du brouillard, encore du brouillard, toujours du brouillard ! Quelle saison ! **f.** Tu as vu la météo ? Chic ! Il va neiger et on va pouvoir faire du ski ! **g.** Moi, je ne fais pas et je ne ferai pas de projets ! **h.** Ici, quand il fait chaud, il fait vraiment très chaud… et quand il fait froid, il fait vraiment très froid… Oh là là, quel pays !

Unité 18

12. a. Il n'y avait rien du tout ; **b.** Elle en a assez ; **c.** Du travail ? On en attend ; **d.** Je n'en ai pas besoin ; **e.** Tu en as envie ? **f.** On en voudrait un peu ; **g.** Il y en a bien assez ; **h.** Il faudra en acheter un peu.

13. a. Non, merci bien ; **b.** Non et non, je vous dis ! **c.** Je n'ai besoin de rien ; **d.** Je n'ai plus faim ; **e.** Je vous répète : je n'en veux pas ! **f.** S'il vous plaît, soyez gentil, n'insistez pas ; **g.** C'est non : N.O.N… Voilà ! **h.** Encore une fois, je vous dis : NON !

14. – « Bonjour, monsieur Martin. Alors, qu'est-ce qu'il vous faut, aujourd'hui ?
– Euh… de l'eau minérale. Deux bouteilles. Est-ce que vous avez de la confiture ?
– Bien sûr. Qu'est-ce que vous aimez ?
– Les fruits rouges. J'adore ça.
– Eh bien, j'en ai. En pot de 500 grammes, ça va ?
– Ah, non, c'est trop, merci. Ça sera pour une autre fois. Ah, j'ai besoin de pommes de terre, aussi.
– Je vous en donne deux kilos ?
– C'est ça. Et du café.
– Un kilo ?
– Oh non, j'en ai assez avec 250 grammes.
– Voilà, monsieur Martin. Il vous fallait autre chose ?
– Non. Ah, si ! Je voudrais un peu de salade.
– Regardez mes salades vertes : elles sont belles, non ?
– J'en prends deux, merci.
– C'est tout ?
– Oui. Euh, non : il me faut encore un litre de bière.
– Très bien. Alors, ça vous fera, euh 13 euros, 72 cents.

15. « Moi, je l'aime quand il est bien chaud. Tous les matins, très tôt, je sors pour l'acheter au coin de la place. Je ne prends jamais mon petit déjeuner sans lui, d'abord avec du beurre (avec du lait chaud, c'est exquis) et ensuite, avec de la confiture. C'est le meilleur moment de la journée pour moi, le paradis ! »

Unité 19

13. a. Il(s) s'exerce(nt) du matin au soir ; **b.** Il(s) s'excuse(nt) ; **c.** Elle(s) se présente(nt) ; **d.** Il m'a reconnu(e) ; **e.** Elle(s) traduisai(en)t la conférence ; **f.** Ils ont fait une erreur ; **g.** Il(s) marchai(en)t très vite ; **h.** Elle ne me dérange jamais, ta sœur.

14. a. C'est du vent ; **b.** Je le reconnais ; **c.** Elle le traduit ; **d.** Je vais vous le présenter ; **e.** Elle lui demande si elle l'entend ; **f.** Je peux parler à votre frère ; **g.** Je lui ai laissé ces messages ; **h.** Vous lui expliquiez les exercices.

15. « Ça se dit ou ça s'écrit quand on le laisse à quelqu'un qui n'est pas là ».

 Unité 20

11.

– Allô, le Bureau des objets trouvés ? Écoutez, monsieur, je viens d'arriver de New York et je ne trouve pas mon sac…

– Bien, madame. Vous étiez dans l'avion d'Air France numéro AF 312, n'est-ce pas ? Vous êtes déjà allée au terminal 2 ?

– Bien sûr, mais mon sac n'y était pas.

– Je suis désolé, madame. Comment était, euh, je veux dire, comment est votre sac ?

– Eh bien, comment le décrire ? Euh, il est assez grand, rond. À l'intérieur, il y a tous mes vêtements de sport, des C.D., un ordinateur portable, des magazines…

– Très bien, madame. Mais en quoi est-il ?

– En cuir rouge foncé. Et il est tout neuf : je l'ai acheté à New York. C'est un sac magnifique.

– Je vous crois, madame, je vous crois. Et vous vous appelez comment ?

– Dutilleux, Marie Dutilleux.

– Ça s'écrit comment ?

– D.U.T.I.L.L.E.U.X.

– Très bien. Vous avez une adresse à Paris, madame Dutilleux ?

– Oui : 24, avenue du Président-Kennedy, Paris 16ᵉ. Mon téléphone, c'est le 01 55 20 18 78.

– Très bien. Votre sac, pour nous, c'est le type 3. Il va arriver par le prochain avion, sans problème. Rentrez chez vous, on vous appellera dans l'après-midi, avant 17 heures, et quelqu'un de chez nous vous l'apportera.

 Unité 21

13. a. C'est simple comme bonjour ! ; **b.** Ce n'est absolument pas compliqué ; **c.** Il n'y a qu'à appuyer sur cette touche, et voilà ! **d.** Ils m'énervent, ces distributeurs de billets de banque ! **e.** Pas mal du tout, cet appareil photo ! **f.** Moi, je suis pratique et moderne : j'ai un ordinateur, un répondeur, des cartes bancaires… je suis heureux ! **g.** Moi, tous ces mots en « ique » : électronique, téléphonique, informatique, ça me fatigue ! **h.** Ah… les mots en « ique »… : sympathique, musique, classique, historique… moi, je ne déteste pas, au contraire !

14. a. Vous savez bien sûr à quoi sert cet appareil ; **b.** Vous savez à quoi sert cet appareil, n'est-ce pas ? **c.** Ça permet simplement de couper le beurre ; **d.** C'est absolument inutile… non ? **e.** Je suis sûr que vous avez étudié le mode d'emploi comme il faut ; **f.** Vous n'avez pas écouté mon message sur votre répondeur ! **g.** Si vous avez appuyé sur cette touche quand l'appareil marchait, c'est une catastrophe ; **h.** Votre carte bancaire n'est pas encore arrivée, Monsieur, je regrette ; **i.** Est-ce que vous avez essayé ce distributeur ? **j.** Je ne sais pas pourquoi je me fatigue à vous expliquer le mode d'emploi de cette machine : vous ne m'écoutez pas !

Unité 22

10.

– Bonjour, Monsieur. Vous voulez bien *répondre* à quelques *questions* ?

– *Ça dépend.* C'est pour quoi ?

– Nous *faisons* une enquête sur les *habitudes* et les *activités* des Français.

– Allez-y. *Qu'est-ce que* vous voulez savoir ?

– Je peux vous demander votre *âge* ?

– J'ai *soixante-cinq* ans.

– Vous travaillez ?

– Je ne travaille plus *depuis cinq ans*.

– Donc, vous ne *faites* rien.

– Comment, je ne *fais* rien ? Je suis *très occupé*, au contraire.

– *Par exemple ?*

– Eh bien, *tous les jours*, enfin le matin, après mon *petit déjeuner*, entre 10 heures et midi, je *rencontre* mes amis au café et nous *jouons* aux cartes. *L'après-midi*, je fais de la *peinture*. J'adore ça. Et après, je suis dans mon *jardin*. Avant le dîner, je fais une petite *promenade* dans la *forêt*. J'aime *beaucoup* la *nature*.

11. a. Je remerciais ; **b.** Vous remerciez ; **c.** Vous choisissez ; **d.** Nous choisissions ; **e.** Il(s) décidai(en)t ; **f.** Nous prenions des décisions pratiques ; **g.** Vous exagérez ; **h.** Vous vous rappeliez ça ? **i.** Vous vous réjouissez.

12. « Il ne faut jamais rien exagérer, bien sûr, mais c'est quelquefois difficile d'en prendre une. Parce que, quand on en a pris une, on sait qu'on ne peut plus revenir sur la question. Et, souvent, on regrette de l'avoir prise, mais c'est trop tard ! »

Corrigés et solutions

 Unité 0

1. Avoir une langue en plus.

2. On parle français.

7. B ; C ; G.

8. Deux ; mille ; un.

9. a. D ; **b.** D ; **c.** V ; **d.** U ; **e.** T.

 Unité 1

1. c. = ? ; **d.** = F ; **e.** = M ; **f.** = M ; **g.** = ? ; **h.** = F ; **i.** = F ;
j. = F ; **k.** = M ; **l.** = F ; **m.** = F.

2. brésilienne ; portugais ; américaine ; espagnole ; européen ; allemand ; suisse ; grecque ; étrangère.

3. L'Angleterre ; l'Europe ; le Mexique ; le Portugal ; le Brésil ; l'Italie ; le Canada ; la Chine ; l'Espagne ; le Danemark ; la France ; les États-Unis.

4. b. = ? ; **c.** = F ; **d.** = ? ; **e.** = M ; **f.** = F ; **g.** = F ; **h.** = F ; **i.** = F.

5. a. il ; **b.** elle ; **c.** vous ; **d.** je ; **e.** je ; **f.** vous ; **g.** vous ;
h. elle ; **i.** il ; **j.** je.

6. a. êtes ; **b.** m'appelle ; **c.** suis ; **d.** est ; **e.** est ; **f.** est ;
g. appelez ; **h.** est ; **i.** êtes ; **j.** suis.

7. a. « e » ; **b.** « e » ; **d.** « ère » ; **f.** « se ».

 Unité 2

1. de Lyon / d'Orléans / de Bastia / d'Athènes / d'Oslo / de Berlin / de Londres / d'Istanbul / d'Anvers.

5. a. viennent ; **b.** vient ; **c.** suis ; **d.** êtes ; **e.** allez ; **f.** vais ;
g. vont ; **h.** est ; **i.** venez / crois ; **j.** sais.

6. a. m'appelle / suis / Monsieur / venez / Allemagne / je viens d' / Votre / Mon / bien ; **b.** Excusez / êtes / suis (m'appelle) / suis / de / je viens d' / elle / est ; **c.** quel / votre / m'appelle (suis) / mon / venez / où / d' / suis.

7. a. 7 ; **b.** 5 ; **c.** 1 ; **d.** 8 ; **f.** 2 ; **g.** 4 ; **h.** 3.

8. nom / prénom / nationalité.

 Unité 3

1. a. la / les ; **b.** l' / le ; **c.** au / le / les ; **d.** aux / les / à la ;
e. les / la.

2. *un* : journal, film, restaurant, cinéma, musée, livre, théâtre, voyage, opéra ; *une* : discothèque, télévision, musique, radio.

4.

		V					S
	A	L	L	E	Z		U
V		T					I
A	L	L	E	R			
I			E	T	E	S	
E	S	T					

5. de / vous / ne [suis] pas / venez / d' / suis / aimez / aussi / moi / beaucoup / adore.

6. b. mexicain ; **c.** finlandaise ; **d.** appelle ; **e.** manger ;
f. musée ; **g.** publicité ; **h.** nom ; **i.** vais ; **j.** bien.

9. a. Pardon / désolé / excusez-moi ;
b. Bonjour / Excusez-moi / merci ;
c. Bonjour (Bonsoir) / merci / au revoir / au revoir.

 Unité 4

1. être / est / êtes / sont ; vais / va / vont ; lire / lis / lisez / lisent ; venir / vient / venez / viennent ; apprendre / j'apprends / apprenez / apprennent.

2. *Une* = a, e, g, h, j ; *un* = b ; *des* = c, d, f, i.

3. a. L' / la / l' ; **b.** Les / l' ; **c.** Les / la ; **d.** Les / le ; **e.** La / la ;
f. Les / la ; **g.** Les / la ; **h.** les / les ; **i.** les / les / la ; **j.** les / la.

4. a. Vous aimez les variétés ?
b. Bonjour, vous allez où ?
c. Vous aimez les escargots, non ?
d. Elle n'aime pas écouter la radio ?
e. Qu'est-ce que vous aimez faire ?
f. Il n'aime pas l'opéra, je crois ?
g. Qu'est-ce qui vous intéresse ?
h. Vous (ne) parlez (pas) d'autres langues ?

6. a. 6 ; **b.** 1 ; **c.** 8 ; **d.** 2 ; **e.** 7 ; **f.** 4 ; **g.** 3 ; **h.** 5.

8. a. Comment ; **b.** De quelle ; **c.** Quel ; **d.** Quelles ; **e.** Qu'est-ce qu' ; **f.** qui / qui est-ce ; **g.** D'où ; **h.** Où / Comment ;
i. Pourquoi.

9. Qu'est-ce qui ; beaucoup / parler / étrangères ; Quelles ; L' / le / le / l' / le ; connaissez / autres ; un peu ; aussi ; amusant.

Unité 5

1. a. connaissez / suis / connais / suis ;
b. parler / plaît / est ;
c. appelle / suis / est / appelez ;
d. appelle / est / comprends / comprenez.

2. b. Non, je ne comprend pas ; **c.** Non, Mme Moreau n'est pas là ; **d.** Non, elle n'écoute pas la radio ; **e.** Non, ce n'est pas amusant ; **f.** Non, mon nom ne s'écrit pas « I-X ».

3. a.
– Vous vous appelez comment ? / Votre nom, s'il vous plaît ?
– Moi, c'est Lucien.
– C'est votre nom ou votre prénom ?
– C'est mon nom.
– Vous habitez ici ?
– Oui, n° 10, rue Balzac.

b. – Vous connaissez monsieur Martin ?
– Luc ou Claude Martin ? Il y a deux « monsieur Martin » ici…
– Claude Martin.
– Ah, il n'est pas là.
– C'est ennuyeux, ça…
– Désolé.

5. beaucoup ; informations ; homme ; contraire ; comment ; monsieur ; venir ; combien ; amusant ; malheureusement.

6. b. un / le ; **c.** une / la ; **d.** un / l' ; **e.** un / l' ; **f.** une / l' ; **g.** un / le ; **h.** un / le ; **i.** une / la ; **j.** une / la ; **k.** un / le ; **l.** un / le ; **m.** un / le ; **n.** une / la.

7. connaissez – qui est-ce ? – C'est – de – présente – enchantée – êtes – aussi – suis – venez – de – Si – amusant.

8. « Bonjour. Je m'appelle Isabelle Besson. Je suis canadienne, de Trois-Rivières, au Québec. Je parle français, bien sûr, et anglais et un peu le suédois. Je comprends l'italien. J'aime les langues ! Qu'est-ce qui m'intéresse aussi ? Le tennis et le football américain. Je voudrais bien apprendre la danse classique, mais je déteste les discothèques. J'aime beaucoup le cinéma, mais je préfère le théâtre. Ah ! J'aime aussi passionnément les voyages, et vous ? »

9. 1. combien ; **2.** au – aussi ; **3.** je – crois ; **4.** a – sont – il ; **5.** la (là) – ça – ne ; **6.** et – dites ; **7.** lui – ici ; **8.** ne – pas – le ; **9.** pays – on ; **10.** avec – noms.

10. b. épeler ; **c.** grave ; **d.** avec ; **e.** bizarre ; **f.** présenter ; **g.** intéresser ; **h.** moderne ; **i.** moins ; **j.** connaître.

 Unité 6

1.

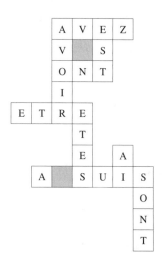

2.

	1	2	3	4	5	6	7	8	9	10
A		O						S		P
B	S	U	I	S		E		E		A
C	O				E	T	E	S		R
D	N	O	M		T		L		I	L
E	T				R		L			E
F			P	R	E	F	E	R	E	Z

3. a. avoir / habite / ai ; **b.** dites / comprends ; **c.** pouvez / plaît ; **d.** apprennent. ; **e.** prononce / écrit. ; **f.** avez. ; **g.** ont / peuvent.

4. avoir / j'ai / avez / ont ; lire / je (lis) / lit / lisez / lisent ; dire / je dis / dit / dites ; venir / je viens / vient / viennent ; je peux / peut / pouvez / peuvent ; aller / je (vais) / va / venez / vont.

5. b. a / américaines ;
c. ont / étrangers / sont / suisses ;
d. avez / étrangères / c'est / grecque ;
e. a / étrangers / sont / grecs ;
f. Leurs / préférées / adorent / variétés / espagnoles ;
g. C'est ;
h. connaissez / ses / son.

6. *son* = a, c, d, e, h, i, j, l ; *sa* = b, f, g, k.

7. a. votre / ma ; **b.** votre / mon ; **c.** votre / mon ; **d.** vos / mes ; **e.** votre / ma ; **f.** Votre / ma ; **g.** vos / mes.

8. b. lire ; **c.** pouvoir ; **d.** lentement ; **e.** comme ; **f.** apprendre ; **g.** elles ont ; **h.** loin ; **i.** je m'appelle ; **j.** minuscule ; **k.** famille.

9. *Classement par ordre alphabétique :* accent, adresse, avec, bizarre, connaître, demain, enquête, épeler, faire, homme / comme, ici, jouer, loin, mais, merci, non, pays, plus, prénom, quel, rue, tiens, ville, visiter.

10. *Mots inutiles :* **a.** où / de ; **b.** d'où ; **c.** où / à ; **d.** de / d'où ; **e.** pas / de ; **f.** il / où / à / pas ; **g.** pourquoi / elle / qu' ; **h.** il y a / mes / mon / j'aime.

 Unité 7

1. a. suis ; **b.** êtes ; **c.** est ; **d.** veulent ; **e.** va ; **f.** avez ; **g.** êtes ; **h.** allez ; **i.** fait ; **j.** ai ; **k.** savent / sont.

2. agricultrice ; fonctionnaire ; acteur ; secrétaire ; fonctionnaires ; journalistes ; avocat ; ingénieur ; étudiante ; médecin.

3. « *au* » = a, d, h ; « *en* » = b, c, g ; « *aux* » = e, f.

5. a. Combien ; **b.** comment ; **c.** D'où ; **d.** Qu'est-ce que ; **e.** Quelles ; **f.** Quelle ; **g.** Qu'est-ce qu' ; **h.** Où ; **i.** Quel.

7. a. mon / mes ; **b.** votre ; **c.** sa ; **d.** votre / vos ; **e.** son ; **f.** son / sa / son.

8. Un numéro compliqué ; une étudiante européenne (ou : allemande ; ou : ennuyeuse !) ; la monnaie européenne (ou : allemande… jusqu'au 01.07.2002) ; un voyage fatigant (ou : compliqué ; ou : malheureux) ; une branche européenne (ou : allemande ; ou : ennuyeuse ; ou : dure) ; un homme malheureux (ou : compliqué ; ou : fatigant) ; une profession ennuyeuse (ou : dure) ; des ingénieurs allemands (ou : malheureux) ; des actrices américaines.

10. a. Quelle est leur profession ? **b.** Il habite dans un autre pays. **c.** Les étudiants ne sont pas intéressants. **d.** Attendez un peu. **e.** Vous aimez ça ? **f.** Vous voulez visiter la Martinique ? **g.** C'est un travail fatigant.

 Unité 8

1. a. part ; **b.** pouvez ; **c.** voulez ; **d.** vont ; **e.** fais ; **f.** travaillent ; **g.** connais ; **h.** devez.

3. b. la journée des fonctionnaires ; **c.** la monnaie du Japon ; **d.** l'indicatif du pays ; **e.** le médecin de l'usine ; **f.** l'adresse de l'avocate ; **g.** le travail de la/du secrétaire ; **h.** ce sont les coordonnées de l'étudiante ; **i.** la nationalité des étudiants.

4. a. Bon ; **b.** Bonne ; **c.** Bon ; **d.** bonne ; **e.** bon ; **f.** bonne ; **g.** bonnes ; **h.** bonne ; **i.** bon ; **j.** bonne.

5. a. mais ; **b.** étranger ; **c.** quoi ; **d.** lui ; **e.** bonsoir ; **f.** oublier.

9. b. en France, en Belgique, au Luxembourg, en Suisse ; **c.** aux États-Unis, en Australie, au Canada… ; **d.** au Japon ; **e.** au Brésil ; **f.** en Chine ; **g.** en Inde… ; **h.** au Mexique (ou en Équateur, ou au Paraguay…).

Unité 9

1. a. – m'appelle (suis)/vous. – Moi/m'appelle (suis)/ venez. – Vous/êtes. – habite. – est/faites. – suis/vous. – Moi/suis. **b.** – toi. – Tu viens. – Tu n'es. – tu fais. – toi.

2. a. appelles / m'appelle ; **b.** as / ai ; **c.** vas / vais ; **d.** travailles / travaille ; **e.** es / suis ; **f.** aimes / aime.

3. a. t'appelles / vous appelez ; **b.** es / êtes ; **c.** viens / venez ; **d.** connais / connaissez ; **e.** vas / allez ; **f.** pars / partez ; **g.** peux / pouvez ; **h.** as / avez ; **i.** fais / faites ; lis / lisez.

4. *Mots inutiles :*
a. font, mais, si, très, bien ; **b.** fait, et, beaucoup ; **c.** vous, tutoyer, malheureusement ; **d.** c'est, enfin ; **e.** faites, des, alors.

5. a. vieille ; **c.** sérieux ; **d.** amusantes ; **e.** heureuses ; **f.** désolées. [*Attention* ! **b.** Elle / il est jeune].

6. a. Il est jeune ;
b. Elle est mauvaise / nulle en mathématiques ;
c. Il y a un accent grave ;
d. C'est amusant ;
e. Avec une minuscule, s'il vous plaît !
f. Elles sont très heureuses.

7. a. 4 ; **b.** 5 ; **c.** 1 ; **d.** 3 ; **e.** 6 ; **f.** 2.

8. a. lentement ; **b.** âge ; **c.** pourquoi ; **d.** combien / bien ; **e.** penser ; **f.** tutoyer / vouvoyer ; **g.** pouvoir ; **h.** fonctionnaire.

11. – Qu'est-ce que vous faites dans la vie ?
– Moi ? Je suis étudiant.
– Ah, bon, vous ne travaillez pas ?

– Comment, je ne travaille pas ? Étudier, ce n'est pas travailler, peut-être ?
– D'accord… Vous étudiez quelles matières ?
– Les mathématiques et l'informatique.
– Et ça va, vos études ?
– Très bien ; je suis un homme heureux !

 Unité 10

1. a. sont ; **b.** prenez ; **c.** viens ; **d.** lisent ; **e.** durent ; **f.** commence ; **g.** viennent.

2. a. 5 ; **b.** 3 ; **c.** 1 ; **d.** 6 ; **e.** 7 ; **f.** 4 ; **g.** 2.

3. samedi / jeudi / dimanche / mardi / lundi / vendredi / mercredi.

6. l' / le / le / la / la / les / les.

7. a. les ai ; **b.** le connais ; **c.** l'attends ; **d.** les visite ; **e.** le lis ; **f.** le fais.

9. a. ce / le ; **b.** ce / le ; **c.** cet / l' ; **d.** ce / le ; **e.** ce / le.

Unité 11

1.

	1	2	3	4	5	6	7	8
A	D	E	R	R	I	E	R	E
B	E	T				S		T
C	V	E	N	I	R		D	U
D	A	S		L		S	U	D
E	N		P		D	U		I
F	T	R	A	V	E	R	S	E
G			S	A		E		Z

2. a. le / la ; **b.** le / le ; **c.** de la ; **d.** La / l' ; **e.** La / du ; **f.** L' / le ; **g.** du ; **h.** La / du / de la ; **i.** Le / du ; **j.** l' / le / de la.

3. il y a une / c'est la / la / il y a une / c'est la / il y a un / c'est le / il y a des / des / une / une / c'est l'.

4. a. à l' / de la ; **b.** du / au / de la ; **c.** de la / à la / de la ; **d.** à l' ; **e.** du / de l' ; **f.** aux.

5. a. = A ; **b.** = Z ; **c.** = E ; **d.** = H ; **e.** = K ; **f.** = O ; **g.** = S ; **h.** = Y.

6. a. n'ai pas de ; **b.** ils n'ont pas de ; **c.** je ne prends pas de ; **d.** il n'y a pas de ; **e.** il n'y a pas d' ; **f.** il n'y a pas d' ; **g.** il n'y a pas de ; **h.** elle n'a pas d'.

7. a. 6 ; **b.** 8 ; **c.** 1 ; **d.** 7 ; **e.** 2 ; **f.** 3 ; **g.** 4 ; **h.** 5.

11. a. Qu'est-ce que ; **b.** Quand ; **c.** combien de temps ; **d.** Quel ; **e.** Comment ; **f.** Où ; **g.** Est-ce que.

Unité 12

1. a. de... à ; **b.** de... à ; **c.** du... au ; **d.** de... à ; **e.** de... à ; **f.** du... au ; **g.** d'... à ; **h.** du... au.

2. a. Tu n'as / Vous n'avez pas froid ? ; **b.** Tu n'as / Vous n'avez pas besoin de vacances ? ; **c.** (Est-ce qu') elle n'y va pas maintenant ? ; **d.** (Est-ce qu') ils n'ont pas chaud ? ; **e.** (Est-ce qu') il ne va pas se lever tôt ? ; **f.** (Est-ce que) tu ne vas pas / vous n'allez pas les prendre demain ? ; **g.** (Est-ce qu') il ne fait pas soleil ? ; **h.** (Est-ce qu') il n'y fait pas très froid ? ; **i.** (Est-ce que) ce n'est pas du 1er au 14 ?

3.

	1	2	3	4	5	6	7	8
A	N	U	I	T			C	A
B	O		L	A			E	T
C	V	A			C	E	S	T
D	E	N	C	H	A	N	T	E
E	M		A					N
F	B	D		Q	U	A	N	D
G	R		A	U			U	R
H	E	N	S	E	M	B	L	E

4. a. y vais ; **b.** y travaille ; **c.** en viens / y fait ; **d.** en sors ; **e.** y vais ; **f.** y suis ; **g.** en ; **h.** y suis ; **i.** y étudie.

5. a. cet / l' ; **b.** cette / la ; **c.** cet / l' ; **d.** cette / l' ; **e.** ce / le ; **f.** ces / les.

6. b. il va pleuvoir ; **c.** il va faire beau ; **d.** je vais y aller ; **e.** je vais me coucher ; **f.** vous allez tourner ; **g.** je vais avoir besoin de vous ; **h.** vais rester.

 Unité 13

1.

1 T	O	U	J	O	U	R	S	A	M	E	D	I	2
		3 T	E	M	P	S	A	I	S	O	N	4	
5 C	O	O	R	D	O	N	N	É	E	S	C	I	E	N	C	E	S	6
		7 V	A	C	A	N	C	E	S	E	M	A	I	N	E	8	
9 Q	U	E	L	Q	U	E	F	O	I	S	I	E	S	T	E	10	
11 V	O	L	O	N	T	I	E	R	S	E	C	R	É	T	A	I	R	E	12
13 R	E	N	D	E	Z	-	V	O	U	S	E	P	T	E	M	B	R	E	14

2. a. 5 ; **b.** 6 ; **c.** 1 ; **d.** 2 ; **e.** 4 ; **f.** 3 ; **g.** 8 ; **h.** 7.

3. b. Je n'y viens / nous n'y venons pas avec vous ; **c.** Je ne vais / nous n'allons pas y voyager avec elles ; **d.** Je n'y travaille / nous n'y travaillons pas avec lui ; **e.** Je n'y vais pas / nous n'y allons pas avec eux ; **f.** Je ne vais pas y faire mes études avec elle ; **g.** Je ne vais pas y habiter avec elle ; **h.** Je n'y suis / nous n'y sommes pas avec eux.

4. b. Non, tu ne vas pas les prendre ; **c.** Non, tu ne vas pas l'acheter ; **d.** Non, tu n'y vas pas demain ; **e.** Non, tu ne vas pas y habiter ; **f.** Non, on ne les accepte pas ; **g.** Non, tu ne vas pas l'apprendre ; **h.** Non, tu ne vas pas les y attendre.

5. b. Oui, ils y étudient encore / Non, ils n'y étudient plus ; **c.** J'y travaille encore / je n'y travaille plus ; **d.** On y danse encore / on n'y danse plus ; **e.** J'y habite (nous y habitons) encore / Je n'y habite (nous n'y habitons) plus ; **f.** Nous y jouons encore / nous n'y jouons plus ; **g.** J'y vais encore / je n'y vais plus ; **h.** Nous y venons encore / nous n'y venons plus en hiver.

12. a. Correcte et gentille ; **b.** Incorrecte, mais assez gentille ; **c.** Correcte, mais pas très gentille ; **d.** Incorrecte et pas très gentille ; **e.** Correcte et gentille ; **f.** Correcte, mais pas très gentille ; **g.** Incorrecte, mais (très) gentille [registre de langue écrite].

 Unité 14

1. b. Je n'ai pas encore fait mon travail ; **c.** J'ai rencontré Nadia hier ; **d.** Vous prenez quelquefois vos vacances en Espagne ? **e.** Vos amis sont déjà venus ici ; **f.** Vous êtes restés chez vous le week-end dernier ?

2. b. je ne vais pas le prendre ; **c.** la regarder ; **d.** le lire ; **e.** l'apprendre ; **f.** y entrer.

3. c. Il va écrire sa lettre après-demain ; **d.** Elles se sont inscrites à l'université il y a un mois ; **e.** On y est allés ensemble la semaine dernière ; **f.** Je vais y retourner dans deux ans ; **g.** Je suis revenu(e) il y a un instant ; **h.** Il est arrivé avant-hier.

5. a. commencent ; **b.** ai commencé ; **c.** est partie ; **d.** est devenu ; **e.** sont arrivées ; **f.** j'arrive ; **g.** va ; **h.** sommes allés.

7. *Exemples de réponses :*
... Avant-hier, le 12 juin, elle est allée chez le dentiste à 18 heures 30 (*ou :* 6 heures et demie). Il y a quatre jours, elle est allée à son premier cours de chinois, à 19 heures (*ou :* à 7 heures) après le travail. Le jour avant, elle est allée au cinéma avec Michel. Le 8 juin, Djamel, Nadia et Michel sont venus chez elle vers 17 heures (*ou :* vers 5 heures de l'après-midi). La semaine dernière, le 5 juin au soir, elle est revenue à Paris. Bien sûr, le 1er mai, elle est partie pour Nantes où elle est restée jusqu'au 5...

8. [*Attention à la ponctuation !*] ... Le 20 août. Chers amis, Oui, je suis à Nice. Je suis arrivée hier soir. C'est formidable. Je prends beaucoup de photos. Je vais y rester deux ou trois jours. Après, je repars pour Lyon et le travail ! Le temps est extraordinaire. Il fait beau et assez chaud pour la saison. Bises à vous deux. Zora.
Monsieur et Madame Dominique Dupuis – 8, avenue du Pont – 92310 Sèvres.

 Unité 15

1.

1 I	N	V	I	T	A	T	I	O	N	O	M	B	R	E	S	2
	3 Q	U	E	S	T	I	O	N	O	T	E	R	4			
		5 D	E	M	A	I	N	U	I	T	6					
	7 M	A	I	S	O	N	U	M	É	R	O	8				
		9 E	N	F	I	N	E	I	G	E	R	10				
11 E	U	R	O	P	É	E	N	I	V	E	A	U	X	12		
13 P	R	O	C	H	A	I	N	O	R	M	A	L	14			

2. avoir / as / a / avons / avez / ont ; sais / sais / sait / savons / savez / savent ; être / suis / est / sommes / êtes / sont ; voir / vois / vois / voyons / voyez / voient ; choisir / choisis / choisis / choisit / choisissons / choisissent ; connaître / connais / connais / connaît / connaissons / connaissez.

3. a. ancienne / belle / grande ; **b.** petit / situé ; **c.** dynamique / peuplée / industrielle ; **d.** Cette / située ; **e.** cet extraordinaire / cette agréable / française ; **f.** brésiliennes ; **g.** sportifs.

4. a. meilleur que / moins / plus / que ;
b. plus / que / plus / du / plus ;
c. moins / que / moins d ' / plus de / plus ;
d. plus / plus / que / meilleur / plus que / plus de.

5. a. 5 ; **b.** 7 ; **c.** 1 ; **d.** 8 ; **e.** 2 ; **f.** 4 ; **g.** 3 ; **h.** 6.

6. b. la / une course ; **c.** le / un retour ; **d.** l'étude / une étude l'étudiant(e) / un(e) étudiant(e) ; **e.** le / un départ ; **f.** le / un travail ; **g.** le / un voyage ; **h.** l'habitant(e) un(e) habitant(e).

10. son / sa / ses / son / son.

11. a. mais ; **b.** au revoir ; **c.** plusieurs ; **d.** pluie.

12. *Mots inutiles* :
a. aussi, autant ; **b.** environ, aussi, de ; **c.** devant la plupart des / au bord de ; **d.** à peu près / alors / assez.

 U*nité 16*

1. a. sortons / allons sortir / sommes sorti(e)s ; **b.** partons / allons partir / sommes parti(e)s ; **c.** écrivons / allons écrire / avons écrit ; **d.** avons / allons avoir / avons eu ; **e.** devons / allons devoir / avons dû ; **f.** disons / allons dire / avons dit ; **g.** lisons / allons lire / avons lu.

2. c. Sors ! Sortez ! **d.** N'accepte pas ça ! N'acceptez pas ça ! **e.** Couche-toi ! Couchez-vous ! **f.** Prends le bus ! Prenez le bus ! **g.** Finis le travail ! Finissez le travail ! **h.** Repose-toi le dimanche ! Reposez-vous le dimanche ! **i.** Connais les langues étrangères ! Connaissez les langues étrangères !

3. a. Ça ; **b.** C' ; **c.** C' ; **d.** Il ; **e.** Il ; **f.** Il ; **g.** Ce ; **h.** Il.

4. a. Fais / Faites ça ! **b.** Pars / Partez ! **c.** Ne sois pas…! / Ne soyez pas…! **d.** Ne dis pas ça ! / Ne dites pas ça ! **e.** N'y vas pas ! / N'y allez pas !

5. a. plus de / qu' ; **b.** le plus ; **c.** autant d' / qu' ; **d.** la plus ; **e.** meilleur ; **f.** le plus (le moins) ; **g.** meilleur ; **h.** le moins.

6. b. les mots les plus courts en français ; **c.** le mot français le plus long (le plus long des mots français) ; **d.** les livres les plus connus (les plus connus des livres) ; **e.** le pays le plus peuplé (le plus peuplé de tous les pays).

7. a. voulez / allez ; **b.** allez (venez) / venez ; **c.** sortez ; **d.** visitez ; **e.** prenez / devez ; **f.** aimez / faites ; **g.** aimez (adorez) / venez ; **h.** savoir / prenez (achetez).

9. a. 7 ; **b.** 5 ; **c.** 8 ; **d.** 2 ; **e.** 4 ; **f.** 1 ; **g.** 3 ; **h.** 6.

10. Ne l'écoute pas ! Ne la lis pas ! Ne les suis pas ! Ne la prends pas ! Ne le sois pas !

 U*nité 17*

1. réfléchirai / réfléchiras / réfléchira / réfléchirons / réfléchirez / réfléchiront ; voir / verrai / verras / verra / verrez / verront ; être / serai / seras / sera / serons / serez ; aller / j'irai / iras / ira / irons / iront ; payer / paieras / paiera / paierons / paierez / paieront ; avoir / j'aurai / aura / aurons / aurez / auront.

2. a. mieux / le plus / meilleure / de / déteste / préfère / comme. **b.** autant / que / mois / le plus / plus / que / saison / moins.

4. 2. blanc / sec ; **3.** plage / si ; **4.** ciel / vert ; **5.** noir / gris ; **6.** projet / an ; **7.** chaleur / et ; **8.** bleu / plus ; **9.** blanche / ou ; **10.** jaune / feux.

5. a. couleur ; **b.** même ; **c.** content ; **d.** noir.

7. b. Tu t'inscriras ; **c.** Nous irons voir ; **d.** Elle choisira ; **e.** Vous réfléchirez ; **f.** Il ramassera ; **g.** Ils répondront ; **h.** Vous saurez ; **i.** Ça (Ce) sera ; **j.** On vous paiera.

8. *Phrases possibles* : **a.** 4 : Elle réfléchissait à la question ; **b.** 5 : Ils ne partaient jamais en vacances ; **c.** 1 : Quand j'étais jeune, je faisais une longue promenade tous les soirs avant de me coucher ; **d.** 7 : Nous revenions toujours à pied à la maison ; **e.** 2 : Tu avais beaucoup d'amis, avant ? ; **f.** 3 : Vous finissiez de travailler à quelle heure quand vous étiez à l'usine ?

9. a. 5 ; **b.** 8 ; **c.** 1 ; **d.** 7 ; **e.** 2 ; **f.** 3 ; **g.** 6 ; **h.** 4.

 U*nité 18*

2. a. bois / de l' / préfère le ; **b.** mangent / de la / adorent le ; **c.** achetons / du / préfèrent la ; **d.** prenez / du / préférait les ; **e.** boivent / du / choisissent de l' ; **f.** voulez du / du / le ; **g.** prenaient des / préfèrent les ; **h.** avez de la / le ; **i.** bois du / déteste le.

3. a. léger ; **b.** de la confiture, de l'eau ; **c.** aliment, instrument ; **d.** plutôt.

4.

	1	2	3	4	5	6	7	8	9
A	E		P	O	M	M	E	S	
B	N		L	U	I		A	I	
C		P	A	I	N		U		S
D	S	E	C		E	N		S	A
E	U	N	E		R			I	L
F		S		L	A	I	T		A
G	P	E	U		L		A		D
H		S		B	E	U	R	R	E
I	I		P	U			T		
J	L	U	I		B	I	E	R	E

5. a. je n'en ai pas ; **b.** j'en veux/nous en voulons (bien)/je n'en veux pas (merci) ; **c.** j'en prends/nous en prenons/je n'en prends pas/nous n'en prenons pas ; **d.** ils en mangent/ils n'en mangent pas ; **e.** j'en ai/je n'en ai pas ; **f.** j'en ai (nous en avons)/je n'en ai pas (nous n'en avons pas) ; **g.** j'en cherche (nous en cherchons)/je n'en cherche pas (nous n'en cherchons pas).

6. b. Vous avez des drachmes ?/de la monnaie grecque ? **c.** Est-ce qu'il y a/Y a-t-il des feux au carrefour de la Poste ? **d.** Il y a beaucoup de calories dans la salade verte ? **e.** Vous avez du temps libre cet après-midi ? **f.** Les Français boivent de l'eau ? Pas possible ! **g.** Vous attendez des touristes/ beaucoup de touristes cette année ?

7. b. 1 + 2 + 3 ; **c.** 1 + 3 + 4 ; **d.** 1 + 3 ; **e.** 1 + 2 + 3 ; **f.** 1 + 2 + 3 ; **g.** 1 + 3.

8. a. je n'en ai pas envie ; **b.** je n'en ai pas pris ; **c.** je n'en ai pas apporté ; **d.** elle n'en mangera pas ; **e.** je n'en buvais pas.

9. b. Oui, je réfléchis trop/Non, je ne réfléchis pas assez ; **c.** Oui, j'en ai accepté trop (trop accepté)/Non, je n'en ai pas accepté assez (pas assez accepté) ; **d.** Oui, il y en avait trop/Non, il n'y en avait pas assez ; **e.** Oui, elle est trop gentille/Non, elle n'est pas assez gentille ; **f.** Oui, j'en prends trop/Non, je n'en prends pas assez.

15. C'est le/du pain.

Unité 19

1. apporter, j'apportais, apportait, apportions, apportiez, apportaient ; traduire, traduisais, traduisait, traduisions, traduisiez, traduisaient ; hésiter, j'hésitais, hésitais, hésitions, hésitiez, hésitaient ; je suivais, suivais, suivait, suivions, suiviez, suivaient ; être, j'étais, étais, était, étions, étaient ; entendre, j'entendais, entendais, entendait, entendiez, entendaient ; reconnaître, reconnaissais, reconnaissait, reconnaissions, reconnaissiez, reconnaissaient.

2. s'exercer, t'exerceras, s'exercera, nous exercerons, vous exercerez, s'exerceront ; m'excuserai, t'excuseras, s'excusera, nous excuserons, vous excuserez, s'excuseront ; s'inscrire, m'inscrirai, t'inscriras, s'inscrira, vous inscrirez, s'inscriront ; s'ouvrir, m'ouvrirai, t'ouvriras, s'ouvrira, nous ouvrirons, vous ouvrirez [« s'ouvrir à quelqu'un » = se confier à lui] ; se baigner, me baignerai, te baigneras, se baignera, nous baignerons, se baigneront ; se reposer, me reposerai, te reposeras, nous reposerons, vous reposerez, se reposeront ; se lever, me lèverai, se lèvera, nous lèverons, vous lèverez, se lèveront [*Attention à l'accent grave*].

3. b. une maison qui est… ; **c.** ce bus qui passe ; **d.** les enfants qui jouent ; **e.** ce disque qui vous plaît ; **f.** l'avenue qui est à droite…

4. b. Ce chemin que vous conseillez est compliqué ; **c.** C'était un bon film que j'ai beaucoup aimé ; **d.** Nous allons accepter l'invitation que vous (nous) avez faite ; **e.** Il a eu le travail qu'il a demandé ; **f.** Où est le programme que je dois absolument suivre ? ; **g.** Ce vélo qu'elle a choisi est assez petit.

5. que/qui/qui/qui/que/qui/que/qui/que/qu'.

6. a. qui ; **b.** où ; **c.** où ; **d.** qui ; **e.** où ; **f.** qui/qui/où.

7. b. ils vont leur écrire ; **c.** ils vont me/nous répondre ; **d.** je vais lui parler ; **e.** je vais lui passer un coup de fil ; **f.** je vais (on va/nous allons) leur expliquer le chemin.

8. a. te/que/me ; **b.** vous/si ; **c.** leur/leur/que ; **d.** me/où/vous/que ; **e.** nous/si ; **f.** vous/lui ; **g.** m'/me/que.

Unité 20

2. a. clé ; écran ; **b.** matière ; **c.** beau ; vent ; **d.** exquis ; menu.

3. A. b. Je viens de le voir ; **c.** Ils viennent de le dire ; **d.** nous venons d'arriver ; **e.** je viens de le reconnaître ; **f.** nous venons de le prendre ; **g.** il vient de le boire.
B. b. je viens d'y aller (… et j'en reviens) ; **c.** je viens de le finir ; **d.** elles viennent de les apporter ; **e.** je viens de le prendre ; **f.** ils viennent de les commencer ; **g.** je viens de lui donner un coup de fil (= je viens de lui en donner un).

4. *Phrases possibles :*
a. 6 : Il vient de refuser notre invitation ; **b.** 8 : Elle raconte toujours des choses bizarres ; **c.** 5 : Je déteste répondre à un questionnaire ; **d.** 7 : Il a traduit cette conférence en français ; **e.** 1 : Mon voisin s'exerce à jouer du saxophone tous les soirs à minuit ! ; **f.** 3 : Hier, j'ai laissé un long message à mon ami, mais il ne m'a pas encore répondu ; **g.** 4 : Nous sommes rentrés hier d'un court voyage à Nice ; **h.** 2 : En été, il est difficile de réserver une chambre à l'hôtel.

5. À l'exposition informatique, j'ai trouvé un drôle d'objet qui ne ressemblait à rien. Je veux dire que c'était comme un stylo, mais ce n'était pas un vrai stylo. Ça ressemblait beaucoup à ça. En plus, ce truc était en plastique noir, rond et pas très long, assez léger. Eh bien, c'était un ordinateur minuscule qui pouvait aussi traduire en huit langues. Malheureusement, il coûtait trop cher pour moi. C'est dommage, mais je n'en ai pas vraiment besoin pour ma profession. Je peux traduire sans lui parce que j'ai plusieurs bons dictionnaires.

10. Comment se présentait cet homme ? Difficile de vous répondre./Quel âge ? Assez jeune. Peut-être trente-cinq ans./Grand ? Un mètre quatre-vingts exactement./Cheveux ? Blonds, je crois./Yeux ? Bleus, bien sûr./Quels vêtements portait-il ? Euh, longs et noirs./C'est tout ? Non, il avait aussi un grand sac jaune en cuir.

Unité 21

1. b. je viens (nous venons) de l'arrêter ; **c.** je viens d'en retirer ; **d.** je viens de le faire ; **e.** je viens de l'ouvrir ; **f.** je viens d'en prendre ; **g.** je viens de l'écrire.

3. *Phrases possibles :*
b. Elle aime bien les distributeurs ?
c. Il s'intéresse à l'informatique ?
d. Elle a essayé son nouvel ordinateur/appareil photo ?
e. Vous ne l'avez pas vendue, votre voiture/bicyclette ?

4. b. Retirer ; **c.** Mettre en marche ; **d.** Taper ; **e.** Attendre ;
f. Faire ; **g.** Ne pas ouvrir l'appareil ; **h.** Ne pas le laisser ;
i. Ne pas l'utiliser. [C'est un (téléphone) portable].

5. *Phrases possibles :*
b. Merci pour le conseil : je vais le regarder.
c. D'accord, je ne vais pas l'énerver.
d. Très bien, je ne vais pas l'ouvrir/je n'avais pas l'intention
de l'ouvrir.
e. Voilà, c'est fait, je l'ai mise en marche.
f. Mais je ne la vends pas/je n'ai pas envie (pas l'intention)
de la vendre.
g. Pardon, voilà, je l'arrête.

6. N'OUBLI*EZ* PAS D'ÉCR*IRE* SUR L'ENVELOPPE LE
C*O*D*E* DEV*ANT* LE N*OM* DE LA VIL*LE* DE VO*TRE*
CORRESPONDANT. *SANS* LUI, L'ADR*ESSE* SER*A*
COM*ME* CE TEXTE : DIFF*ICILE* À L*IRE* !

7. a. Ils les ont donnés aux enfants/Ils leur ont donné ces
appareils ; **b.** Elle l'a traduit pour son ami/Elle lui a traduit
le mode d'emploi ; **c.** Elle l'a donné à l'ingénieur/Elle lui a
donné votre message.

8. b. Entre/entrez, s'il te/vous plaît ! ; **c.** Ne vous énervez
pas, s'il vous plaît ! ; **d.** Pars !/Partez ! ; **e.** Écoutez-moi ! ;
f. Reste/restez tranquille ! ; **g.** Mets/mettez en marche
l'appareil ! ; **h.** Décrivez la personne !

10. a. publicité ; **b.** souris ; **c.** compter ; **d.** complet ;
e. remercier ; **f.** réveil.

12. b. en restant deux ans en France ;
c. en lui laissant un message ;
d. en suivant mes conseils, en mangeant moins et en faisant
du sport ;
e. en mettant quelques pièces.

 Unité 22

1. b. avez refusé ; **c.** finiront ; **d.** décidera ; **e.** avez eu ; **f.** se
plaint.

2. *Phrases possibles :* **c.** C'est demain qu'elles commencent, pas aujourd'hui ! **d.** C'est ce disque que je veux, et pas
un autre ! **e.** C'est à toi que je parle, pas à un autre/pas aux
autres ! **f.** C'est pour vous qu'il travaille, et pas pour un
autre/une autre personne ! **g.** C'est eux qui ont décidé, pas
nous ! **h.** C'est elles qui se plaignent, pas nous !

3. il y a/depuis/Il y a/depuis/il y a/depuis/Il y a (ça
fait)/depuis.

4. b. Pendant qu'il ramassait des champignons, moi j'ai pris
des photos ; **c.** J'ai descendu les sacs pendant qu'elle essayait
d'appeler un taxi ; **d.** Il a fait les courses pendant qu'elle lisait
le journal ; **e.** Elles ont noté pendant que nous parlions (Nous
avons parlé pendant qu'elles notaient) ; **f.** Pendant que vous
écoutiez des disques, elle s'est exercée au saxophone.

5. *Phrases possibles :*
b. J'y étais encore il y a un an ; **c.** J'y travaillais il n'y a pas
longtemps mais je n'y travaille plus ; **d.** J'en avais une mais
je l'ai vendue il y a une semaine ; **e.** J'en utilisais un quand
je voyageais beaucoup ; **f.** J'en faisais, mais je n'en fais plus,
c'est trop fatigant/j'ai arrêté d'en faire il y a un mois.

6. b. vivait/a décidé ; **c.** pleuvait/je suis sorti(e) ; **d.** lisais/
sont arrivés ; **e.** venait de/a téléphoné ; **f.** visitaient/est
arrivé ; **g.** prenaient/passaient/ils sont allés.

8. a. belle/dites/à cause/printemps/réjouit/comme/sera/
même/amusant (marrant). **b.** est pas/vie/arrivé/air/suis/
gagner/plaindre/chaque/depuis/enfin/réjouis/inviter.

9. a. appartement ; **b.** exagérer ; **c.** se présenter ; **d.** utile.

LEXIQUE

L'unité où apparaît le mot pour la première fois est indiquée entre parenthèses.

* indique qu'il s'agit d'un mot argotique ou familier.

Les adjectifs sont suivis de leur terminaison au féminin (lorsqu'elle est différente de la terminaison au masculin) et au pluriel pour les cas particuliers. Lorsque la terminaison est la même au masculin et au féminin, l'adjectif est suivi d'un tiret (*agréable -*).

Les noms sont suivis de m. pour masculin et f. pour féminin et de la terminaison du pluriel si elle est particulière. Si le nom a une forme féminine, elle est indiquée ainsi : *acteur m./f. : -trice*.

Les verbes sont suivis, entre tirets (-2-), d'un numéro de renvoi à la conjugaison p. 173 du livre de l'élève (sauf pour les verbes réguliers en *-er*).

à (aller à) (3)
à (la télévision) (3)
abonné-e à (13)
absolument (18)
accent m. (5)
accepter (9)
accident m. (22)
acheter -7- (12)
acteur m./f. : -trice (7)
activité f. (13)
administratif -ive (15)
adorer (3)
adresse f. (6)
âge m. (9)
agenda m. (10)
agréable - (15)
agricole - (15)
agriculteur m./f. : -trice (7)
ah ?! (1)
aider (21)
aigu -ë (5)
aimer (3)
air m. (12)
avoir l'air de (20)
aliment m. (18)
allemand -e (1)
aller -3- (2)
y aller -3- (16)
allez ! (8)
allô ! (2)
alors (6)
alphabet m. (5)
américain -e (1)
ami m./f. : -e (9)
amusant -e (4)
an m. (9)
ancien -nne (15)
anglais -e (1)
année f. (12)
août m. (12)
apostrophe f. (5)

appareil m. (21)
appareil photo m. (21)
appartement m. (22)
appeler -6- (19)
s'appeler -6- (1)
apporter (18)
apprendre -35- (4)
appuyer -11- (21)
après (10)
après (d'-) (16)
après-demain (12)
après-midi m. (10)
arabe - (4)
argent m. (21)
arrêter (21)
arrêter de (22)
arriver (14)
arriver (se passer) (22)
art m. (10)
assez (13)
*en avoir assez (18)
assis -e (22)
attendez (1)
attendre -35- (10)
au-dessous (20)
au-dessus (20)
aujourd'hui (10)
au revoir (0)
aussi (3)
aussi … que (15)
autant (de …) que (15)
automne m. (12)
autoroute f. (16)
autre - (4)
autrichien -nne (1)
avant (10)
avant-dernier -ère (11)
avant-hier (14)
avec (5)
avenue f. (11)
avion m. (16)

avis m. (à votre -) (9)
avocat m.f./ -e (7)
avoir -2- (6)
avril m. (12)

baccalauréat m. (14)
se baigner (17)
bancaire - (21)
bande dessinée f. (6)
banque f. (7)
bar m. (11)
bateau -eaux m. (16)
B.D. f. (bande dessinée) (6)
beau -elle -eaux (13)
faire beau (12)
beaucoup (3)
belge - (1)
*ben (= bien) (2)
besoin m. (avoir … de) (12)
beurre m. (18)
bicyclette f. (14)
bien (2)
bien (confirmation) (4)
bien sûr (4)
bientôt (12)
à bientôt (8)
bière f. (18)
billet de banque m. (21)
bizarre - (4)
blanc -che (17)
*bled m. (15)
bleu -e (17)
blond -e (20)
*bof ! (3)
boire -33- (18)
bois m. (20)
bon -nne (8)
bon ! (8)
bonjour (0)
bonsoir (1)
au bord de (15)

*bosser (22)
boulangerie f. (11)
*boulot m. (7)
bouteille f. (18)
branche f. (7)
brésilien -nne (1)
brouillard m. (17)
brun -e (20)
bureau -eaux (22)
bureau de tabac m. (11)
bus m. (10)

ça (2)
ça fait … que (22)
*ça me botte (16)
*ça va pas ! (21)
ça vous dirait de… (13)
cabine téléphonique f. (11)
café m. (= lieu) (11)
café m. (= boisson) (18)
calendrier m. (12)
calme - (22)
calorie f. (18)
campagne f. (17)
canadien -nne (1)
canard m. (17)
capitale f. (15)
carré m. (20)
carrefour m. (11)
carte f. (16)
carte à jouer f. (3)
carte postale f. (17)
carton m. (20)
catastrophe f. (17)
cathédrale f. (15)
à cause de (22)
C.D. m. (= disque) (20)
ce sont (4)
cédille f. (5)
célibataire - (14)
centre m. (15)

c'est (1)
c'est-à-dire (19)
*c'est pas de la tarte (18)
chaleur f. (17)
chambre f. (16)
champignon m. (17)
change m. (8)
changer -9- (8)
changer de -9- (12)
chaque (13)
château -eaux m. (16)
chaud -e (12)
chemin m. (16)
cher -ère (16)
chercher (11)
cheval -aux m. (16)
cheveu -eux m. (20)
chez (7)
*chic (17)
chien m. (17)
chimie f. (7)
chinois -e (1)
chocolat m. (18)
choisir -12- (14)
choix m. (22)
chose f. (19)
ciel m. (17)
cigarette f. (19)
*ciné m. (4)
cinéma m. (3)
*cinoche m. (15)
circonflexe - (5)
clair -e (20)
clair -e (= compréhensible)
  (19)
classique - (3)
clé f. (20)
cliquer (21)
code m. (21)
au coin de (11)
collection f. (15)
combien (5)
comme (5)
commencer -6- (10)
comment (2)
comparer (15)
complet -ète (16)
compliqué -e (5)
comprendre -34- (4)
je ne comprends pas (0)
compter (8)
concert m. (13)
conférence f. (14)
confiture f. (18)
connaître -36- (4)
conseil m. (16)
conseiller m./f.: -ère (16)
conséquence f. (17)
construire -28- (22)
content -e (13)
continuer (11)
au contraire (3)

coordonnée f. (6)
*copain m./f.: copine (9)
coréen -nne (1)
côte f. (15)
à côté de (11)
se coucher (10)
couleur f. (17)
coup de fil m. (19)
coup de téléphone m. (19)
couper (21)
courir -17- (14)
cours m. (9)
course f. (14)
courses f.pl. (22)
court -e (16)
couteau -eaux m. (21)
coûter (16)
couvert -e (17)
croire -30- (18)
je crois (croire) (1)
cuir m. (20)
culture f. (10)
culturel -lle (14)
curieux -euse (16)
curriculum vitæ m. (14)

d'abord (11)
d'accord (8)
d'où (2)
dame f. (3)
danois -e (1)
dans (7)
dans (temps) (12)
danse f. (3)
danser (3)
date f. (12)
de / d' (provenance) (2)
décembre m. (12)
décider (22)
décision f. (22)
décrire -26- (20)
degré m. (12)
déjà (7)
déjeuner (18)
déjeuner m. (18)
petit déjeuner m. (10)
demain (4)
demander (11)
demi (8)
dentiste m./f. (13)
départ m. (14)
ça dépend (dépendre -35-)
  (10)
depuis (22)
déranger -9- (19)
dernier -ère (11)
en dernier (11)
l'an dernier (14)
derrière (11)
descendre -35- (14)
désolé -e (1)
désordre m. (20)

en dessous de (17)
détester (3)
devant (11)
devenir -13- (14)
deviner (19)
devoir -20- (8)
dictionnaire m. (20)
difficile - (20)
dimanche m. (10)
*dingue - (20)
dîner (18)
dîner m. (18)
diplôme m. (14)
direction f. (16)
discothèque f. (3)
disque m. (19)
distance f. (16)
distributeur m. (21)
dites ! (1)
dommage (13)
donc (16)
donner (16)
*donner un coup
  de téléphone (19)
dormir -16- (10)
droit m. (9)
à droite de (11)
drôle - de (17)
dur -e (7)
durer (10)
dynamique - (15)

eau eaux (18)
école f. (11)
économie f. (9)
écouter (3)
écran m. (20)
écrire -26- (12)
ça s'écrit (5)
écrivez (0)
en effet (17)
effort m. (18)
égal -e, -aux (8)
église f. (11)
électronique - (21)
élève m./f. (9)
en (+ discipline) (9)
en (+ pays) (7)
en (+ monnaie) (8)
en (pronom = de + lieu) (12)
en (pronom) (18)
en bas (20)
en haut (20)
enchanté -e (1)
encore (13)
encore une fois (0)
énerver (21)
enfant m./f. (3)

enfin (7)
ennuyeux -euse (5)
enquête f. (4)
ensemble (12)
ensuite (11)
entendre -35- (19)
entre (10)
entrée f. (13)
entrer (14)
envie f. (avoir … de) (13)
environ (15)
épeler -6- (5)
équipe f. (14)
erreur f. (19)
escargot m. (3)
espagnol -e (1)
essayer -11- (21)
est m. (15)
est-ce que (9)
et (1)
été m. (12)
étranger -ère (1)
à l'étranger (7)
être -1- (1)
étude f. (9)
étudiant m./f.: -e (7)
étudier (9)
euh… (1)
européen -nne (1)
exactement (18)
exagérer (22)
s'excuser (19)
excusez-moi (2)
s'exercer -8- (19)
exercice m. (19)
expliquer (16)
exposition f. (3)
exquis -e (18)
extérieur m. (à l'- de) (20)
extraordinaire - (14)

en face de (11)
facile - (22)
faim f. (18)
faire -4- (4)
ça fait (le total) (5)
famille f. (6)
fatigant -e (7)
fatiguer (se -) (21)
falloir (il faut) -19- (16)
faux -ausse (13)
favorable - (16)
femme f. (1)
femme f. (= épouse) (19)
femme au foyer f. (7)
fermé -e (10)
festival m. (14)
fête f. (13)
feux m. pl. (11)
février m. (12)
fille f. (19)
fille au pair f. (7)

film m. (3)
fils m. (19)
finalement (22)
finir -12- (10)
finlandais -e (1)
fleuve m. (15)
fois f. (13)
foncé -e (20)
fonctionnaire m./f. (7)
football m. (4)
forêt f. (16)
forme f. (20)
formidable - (12)
fort -e (19)
fou -olle (17)
français -e (1)
frère m. (19)
froid -e (12)
fromage m. (18)
fruit m. (18)
futur m. (12)

gagner (un match) (14)
gare f. (10)
à gauche de (11)
gens m.pl. (13)
gentil -lle (13)
géographie f. (7)
goûter (18)
gramme m. (18)
grand -e (15)
grave - (5)
grec -ecque (1)
gris -e (17)
gros -sse (20)
guide m. (16)

habitant m./f. : -e (15)
habiter (6)
habitude f. (avoir l'-) (22)
d'habitude (22)
hésiter (18)
heure f. (10)
heureux -euse (1)
hier (14)
histoire f. (9)
historique - (15)
hiver m. (12)
homme m. (1)
horaire m. (14)
hôtel m. (11)
humide - (17)
humour m. (10)

ici (2)
idée f. (18)
il y a (5)
il y a (temps) (14)
il y a ... que (22)
image f. (13)
immeuble m. (15)
important -e (12)

impossible - (13)
incroyable - (16)
indicatif m. (8)
industriel -lle (15)
informations f. pl. (3)
informatique f. (7)
ingénieur m. (7)
s'inscrire -26- (14)
insister (18)
instant m. (19)
instrument m. (de
    musique) (13)
intention f. (avoir l'- de)
    (12)
intéressant -e (7)
intéresser (4)
à l'intérieur de (20)
interruption f. (14)
inutile - (21)
invitation f. (13)
inviter (13)
italien -nne (1)

jambon m. (18)
janvier m. (12)
japonais -e (1)
jardin m. (22)
jaune - (17)
jazz m. (9)
jeudi m. (10)
jeune - (3)
joli -e (15)
jouer (3)
jouez à deux (0)
jour m. (10)
journal -aux m. (3)
journaliste m./f. (7)
journée f. (8)
juillet m. (12)
juin m. (12)
jusqu'à (11)
juste - (20)

kilo/kilogramme m. (18)
kilomètre m. (16)

là (5)
*là (= maintenant) (22)
là-bas (11)
lac m. (15)
laisser (19)
lait m. (18)
langue f. (4)
léger -ère (18)
le lendemain m. (20)
lentement (6)
se lever -7- (10)
librairie f. (19)
libre - (13)
avoir lieu (14)
lire -27- (3)
litre m. (18)

livre m. (3)
loin (11)
long -ue (12)
longtemps (17)
lourd -e (20)
lundi m. (10)
lunettes f. pl. (20)
luxembourgeois -e (1)

*machin m. /Machin (19)
machine f. (21)
madame f. (2)
mademoiselle f. (2)
magasin m. (15)
magazine m. (13)
magnifique - (15)
mai m. (12)
maintenant (6)
mairie f. (11)
mais (3)
maison f. (11)
majuscule f. (5)
mal (19)
malheureusement (5)
malheureux -euse (7)
manger -9- (3)
marche f. (14)
marcher (14)
marcher (= fonctionner)
    (21)
mardi m. (10)
mari m. (19)
marié -e (13)
marocain -e (1)
*marrant -e (20)
*en avoir marre (22)
mars m. (12)
mathématiques f. pl. (9)
matière f. (= discipline) (9)
matière f. (20)
matin m. (10)
mauvais -e (9)
*mec m. (1)
médecin m. (7)
meilleur -e (15)
même - (17)
même (toi-) (10)
menu m. (18)
mer f. (15)
merci (0)
mercredi m. (10)
mère f. (19)
message m. (19)
métal -aux m. (20)
météo f. (17)
métro m. (16)
mettre -37- (21)
mettre -37- en marche (21)
mexicain -ne (1)
midi m. (10)
mieux (15)
mince - (19)

eau minérale eaux -s f.
    (18)
minuit m. (10)
minuscule f. (5)
minute f. (10)
mode d'emploi m. (21)
moderne (4)
moins (–) (5)
moins (de) que (15)
mois m. (12)
moment m. (7)
monnaie f. (8)
monsieur m. (2)
montagne f. (15)
monter (14)
montre f. (21)
moto f. (16)
en moyenne (18)
musée m. (3)
musique f. (3)

*nana f. (1)
nationalité f. (1)
nature f. (22)
né -e (9)
neige f. (12)
neiger -10- (12)
ne... jamais (13)
ne... pas (3)
ne... personne (13)
ne... plus (13)
ne... que (13)
ne... rien (13)
n'est-ce pas ? (11)
neuf -euve (20)
niveau -eaux m. (9)
noir -e (17)
nom m. (2)
nom de nom ! (5)
nombre m. (15)
non (1)
non plus (13)
nord m. (15)
normal -e, aux (12)
noter (9)
nouveau -elle -eaux (21)
novembre m. (12)
nuageux -euse (17)
nuit f. (10)
*nul -le (= mauvais) (7)
numéro m. (6)

objet m. (20)
occupé -e (13)
octobre m. (12)
œuf m. (18)
opéra m. (3)
optimiste - (22)
orage m. (17)
orange - (couleur) (17)
orchestre m. (14)
ordinateur m. (19)

ou (1)
où (relatif) (19)
où ? (6)
oublier (7)
*ouais (2)
ouest m. (15)
oui (1)
ouvert -e (10)
ouvrir -18- (21)

pain m. (18)
panorama m. (15)
papier m. (20)
par (13)
paradis m. (17)
parapluie m. (21)
parc m. (15)
parce que (12)
pardon ! (2)
pardon ? (1)
parents m. pl. (12)
*par exemple ! (16)
parler (4)
de la part de (19)
participer (14)
partir -14- (8)
pas du tout (3)
pas encore (7)
passer (11)
passer (au tél.) (19)
passer (des vacances) (16)
se passer (= arriver) (20)
*passer un coup de fil
   (19)
passionnément (4)
pâtes f. pl. (18)
patin à roulettes m. (14)
pause f. (10)
payer -11- (8)
pays m. (5)
peintre m. (16)
peinture f. (15)
pendant (14)
pendant que (22)
penser (9)
père m. (19)
permettre -37- de (21)
personne f. (20)
pessimiste - (22)
petit -e (11)
petit déjeuner m. (10)
un peu (4)
peu de (18)
un peu de (18)
peuplé -e (15)
à peu près (8)
peut-être (1)
pharmacie f. (11)
photo f. (21)
physique f. (= science) (9)
pièce f. (monnaie) (21)
à pied (16)

place f. (en ville) (11)
plage f. (17)
plaindre -38- (se -) (22)
plaine f. (15)
plaire -27- (7)
plaisir m. (13)
s'il vous plaît (0)
plastique m. (20)
pleuvoir -21- (12)
pluie f. (12)
la plupart de / des (15)
plus (+) (5)
plus (de) que (15)
plus loin (5)
plus tard (7)
plusieurs (14)
plutôt (18)
poisson m. (18)
pollution f. (22)
polonais -e (1)
pomme de terre f. (18)
pont m. (11)
populaire - (14)
portable m. (9)
portable - (9)
porter (20)
portugais -e (1)
poser (une question) (9)
possibilité f. (22)
possible - (13)
poste f. (11)
pour + inf. (8)
pour (4)
pourquoi (4)
je pourrais (pouvoir) (5)
pouvoir -22- (6)
n'en plus pouvoir -22- (22)
pratique - (21)
préféré -e (6)
préférer (4)
premier -ère (11)
premièrement (11)
prendre -34- (10)
prénom m. (2)
près (11)
à peu près (8)
présenter (4)
présenter (se) (19)
presque (13)
printemps m. (12)
problème m. (9)
prochain -e (12)
profession f. (7)
programme m. (14)
projet m. (17)
promenade f. (17)
ça se prononce (6)
proposer (9)
psychologie f. (9)
publicité f. (3)

qu'est-ce que … ? (4)

qu'est-ce qui … ? (4)
quand ? (10)
quand (12)
quart m. (10)
ne … que (13)
que (relatif) (19)
quel / quelle (2)
quelqu'un (13)
quelque chose (13)
quelquefois (13)
quelques (10)
question f. (10)
questionnaire m. (13)
qui (relatif) (19)
qui est-ce ? (4)
qui ? (4)
ne quittez pas
   (au téléphone) (5)
quoi ? (8)

raconter (19)
*raconter des salades (18)
radio f. (3)
ramasser (17)
rapidement (16)
se rappeler -6- (22)
rarement (13)
recommander (18)
reconnaître -36- (19)
rectangle m. (20)
réfléchir -12- (17)
refuser (13)
regarder (3)
regardez (0)
région f. (15)
regret m. (22)
regretter (19)
se réjouir -12- (22)
remercier (11)
rencontrer (13)
rendez-vous m. (13)
renseignement m. (8)
rentrer (14)
repartir -14- (22)
repas m. (18)
répéter (6)
répétez (0)
répondeur m. (21)
répondez (0)
répondre -35- (10)
reportage m. (3)
se reposer (12)
reprendre -34- (18)
réserver (16)
ressembler à (20)
restaurant m. (3)
*restau/resto m. (5)
rester (12)
retirer (21)
retour m. (14)
retourner (14)
se retrouver (13)

réveil m. (20)
revenir -13- (22)
roller m. (14)
rond -e (20)
rouge - (17)
route f. (16)
rue f. (6)
russe - (1)

sac m. (20)
je ne sais pas (savoir) (1)
saison f. (12)
salade f. (18)
salut (9)
samedi m. (10)
sandwich m. (18)
sans (12)
*sans blague (20)
santé f. (18)
savoir -23- (7)
sciences f. pl. (9)
sec sèche (17)
secrétaire m. / f. (7)
semaine f. (10)
septembre m. (12)
sérieux -euse (9)
servir à -15- (21)
seul -e (15)
seulement (4)
si (≃ oui) (3)
si (condition) (16)
siècle m. (15)
sieste f. (10)
s'il vous plaît (0)
simple (21)
simplement (21)
situé -e (15)
ski m. (17)
sœur f. (19)
soif f. (avoir -) (18)
soir m. (10)
soleil m. (12)
sorte f. (20)
sortir -14- (10)
souris f.
   (informatique) (21)
sous (20)
souvent (13)
spécialité f. (18)
spectateur m./f. : -trice (14)
sport m. (3)
sportif -ive (14)
stylo m. (20)
succès m. (14)
sud m. (15)
suédois -e (1)
suffire -29- de (21)
suisse - (1)
suivre -31- (11)
suivre -31-
   (= comprendre) (16)
suivre -31-

(un conseil) (18)
*super - (12)
*super = très (20)
sûr -e (10)
sur (11)
surpris -e (16)
sympathique - (15)
*sympa - (20)

table f. (20)
taper (21)
tard (10)
tarte f. (18)
taxi m. (11)
*tchao (= ciao) (9)
téléphone m. (5)
téléphoner (8)
télévision f. (3)
température f. (17)
combien de temps (10)
temps m. (météo) (12)
tennis m. (4)
terrible - (12)
thé m. (18)
théâtre m. (3)
thermomètre m. (17)
ticket m. (21)
tiens ! (2)
tomber (14)

tôt (10)
touche f. (21)
toujours (11)
touriste m./f. (16)
touristique - (15)
tourner (11)
tout (13)
tous les … (13)
tout à l'heure (12)
tout droit (11)
tout le monde (13)
traduire -28- (19)
train m. (16)
trait d'union m. (5)
tranquille - (15)
transparent -e (20)
travail m. (7)
travailler (7)
traverser (11)
très (1)
triangle m. (20)
triste - (15)
se tromper (21)
trop (18)
trouver (15)
se trouver (15)
*truc m. (6)
turc -turque (1)
tutoyer -11- (9)

université f. (14)
usine f. (7)
utile (21)
utiliser (21)

vacances f. pl. (12)
vallée f. (15)
variétés f. pl. (3)
il vaut mieux + inf.
  (valoir -19-) (16)
veille f. (20)
vélo m. (16)
vendeur m./ f. : -euse (20)
vendre -35- (20)
vendredi m. (10)
venir -13- (2)
venir -13- de + inf. (20)
vent m. (12)
verre m. (18)
verre m. (matière) (20)
vers (10)
vert -e (17)
vêtement m. (20)
ça veut dire (16)
viande f. (18)
vie f. (7)
vieux vieille (9)
village m. (11)
ville f. (6)

vin m. (18)
violet -tte (17)
virgule f. (8)
visiter (3)
vite (19)
vivre -32- (22)
voilà (8)
voir -24- (11)
voisin m./f. : -e (16)
voiture f. (6)
volontiers (13)
je voudrais (vouloir) (5)
vouloir -25- (7)
vouvoyer -11- (9)
voyage m. (3)
voyager -9- (3)
vrai -e (15)
vraiment (9)

week-end m. (10)

y (12)
yaourt/yogourt m. (18)
yeux m. pl. (20)

*zut (21)

Crédits photos intérieur :

p.5A : Pix/Trigalou ; p.5B : Pix © Adagp 2001; p.5C : Hoa Qui/J. Bravo ; p.5D : Pix/P. Rouzeaud ; p.5ᴱ : Pix/P. Thomson ; p.5F : Pix/V.C.L., p.5G : Pix/D. Noton© Agagp 2001 ; p.8 : Marco Polo/F. Bouillot ; p.12 : D.R. ; p.16 : Marco Polo/F. Bouillot ; p.20 : Stills/C. Geral ; p.32h : Kipa ; p.32b : AKG Paris ; p.64 : Ask Images/C. Laurent ; p.65 : Photothèque Mairie d'Annecy/Isabelle Gautier ; p.68 : Marco Polo/F. Bouillot

Photo de couverture :

Pluriel / ASA

N° éditeur : 10076846 (I) - (15) - OSBM80° - Janvier 2001
Achevé d'imprimer sur les presses de JOUVE, Paris - N°288575A